Gabriele Gugetzer

ROH

FISCH, FLEISCH, GEMÜSE:
DER PURE GENUSS

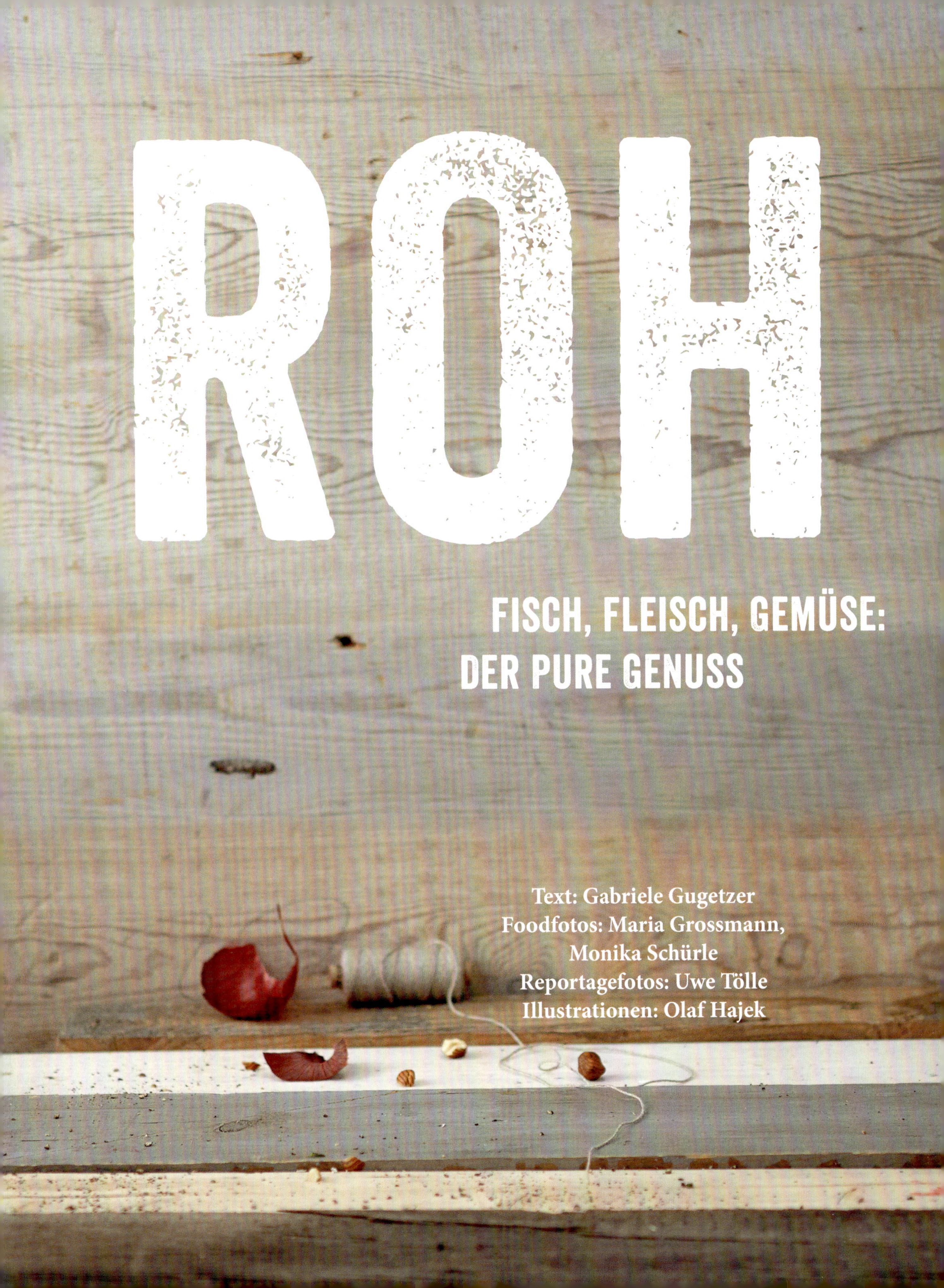

ROH

FISCH, FLEISCH, GEMÜSE: DER PURE GENUSS

Text: Gabriele Gugetzer
Foodfotos: Maria Grossmann, Monika Schürle
Reportagefotos: Uwe Tölle
Illustrationen: Olaf Hajek

INHALT

Küchenfee

ROH VOM FEINSTEN

Liebe Leserin, lieber Leser,

haben wir Sie überrascht? Hand aufs Herz – hätten Sie dieses Buch bei uns vermutet? ROH ... ist das nicht nur Rohkostsalat? Und benötigt man für so etwas wirklich ein ganzes Buch? Braucht man überhaupt ein Kochbuch, wo es bei Rohem doch eigentlich darum geht, nicht zu kochen? Aber ROH und Rohkost sind zwei ganz verschiedene Dinge. Dieses Buch ist für echte Genießer gedacht. Für all jene, die Mangosorbet verlockend finden und Steaktatar lieben, die gespannt sind auf Ananascarpaccio oder zarte Möhren mit scharfer Kokosnusssauce, die wissen möchten, was man mit würzigem Thüringer Mett zubereiten oder wie man Lachs selber beizen kann.

Profi-Köche wie **Daniel Schmidthaler, Josie Franke, Andreas Klitsch** und **Holger Zurbrüggen** (Seite 52, 94, 126 und 146) machen es uns vor – und wir lassen uns von ihren Ideen anregen. Wir bereiten aus Fenchel und Gurken ein gekühltes Süppchen zu oder servieren Spargel mit Zucchini als kalte »Pasta«. Fangfrischer Fisch wird fein geschnitten und mehrere Stunden in Zitrussaft mariniert, bevor er erfrischend und unglaublich aromareich auf den Tisch kommt – mit knackigen Radieschen, einer Frankfurter Sauce, ... Oder wie wäre es mit Steaktatar, Austern oder einem Carpaccio? Vielleicht mal im Asia-Style, mit Lammfleisch oder Pilzen?

Sie sehen, um roh zu essen, muss man zwar nicht kochen, aber wissen, was zusammen lecker schmeckt, hübsch und appetitlich aussieht – und die Ideen dazu finden Sie auf den folgenden Seiten. Sie werden entdecken, dass Löwenzahn und weiße Pfirsiche genauso überraschend gut harmonieren wie Mango mit luftgetrocknetem Schinken, Matjes mit Himbeeren, Weinblätter mit Mairübchenfüllung oder ein Smoothie mit Papaya, Maracuja und Petersilie.

Die Zutaten für alle Rezepte in diesem Buch erhalten Sie auf Wochenmärkten und in gut sortierten Supermärkten, im Bio- und Asialaden. Für gutes Fleisch, das Sie bedenkenlos roh genießen können, ist der Metzger Ihres Vertrauens die beste Adresse, wie für fangfrischen Fisch der Fischhändler. Sie müssen also keinen Einkaufsmarathon absolvieren. Und wer mag, nimmt ein paar wenige Küchenhelfer (Seite 14–17) zur Hand, dann geht die Zubereitung noch leichter.

Lassen Sie sich inspirieren, und servieren Sie beim nächsten Abendessen die Vorspeise mal roh, packen in den Picknickkorb ein paar rohe Köstlichkeiten oder bereiten selbst im Winter etwas Leckeres ganz roh zu.

SERVICE

FISCH

Ob Sushi, Matjes, marinierte Sardellen – roher Fisch ist längst Tradition auf vielen Speisekarten. Auch Ceviche, eine Spezialität aus Südamerika, lässt sich wunderbar variieren, mit frischem Fisch aus Meer, See und Fluss.

ROH GENIESSEN

DIE BESTEN ZUTATEN

Faszinierend vielseitig ist die Auswahl an Zutaten, die in guter Qualität auch roh serviert werden und weltweit die traditionellen Küchen bereichern.

FILET & CO.

Rohes mageres Fleisch, ob von Rind, Kalb, Lamm oder Wild, hauchdünn aufgeschnitten und fein gewürzt, schmeckt nicht nur hervorragend, sondern ist auch gesundheitlich völlig unbedenklich, wenn es aus verlässlicher Quelle kommt. Ein guter Metzger, das wussten schon unsere Großmütter, ist sein Geld wert.

SCHINKEN & CO.

Luftgetrocknete rohe Schinken genießen Weltruf wegen ihres feinen und würzigen Geschmacks, ob Parma-, San-Daniele- oder Serranoschinken. Auch Spezialtäten wie Coppa (vom Schweinenacken) oder Bündnerfleisch (vom Rind) werden lediglich durch Salzen und Trocknen hergestellt.

SALATE

Ob Romana, Kopfsalat, Blattspinat oder Radicchio – sie gehören einfach dazu zum frischen, leichten und bekömmlichen Genuss. Nicht nur in der Salatschüssel entfalten sie ihre Qualitäten, die Blätter sind auch willkommen beim Wickeln von Wraps.

OBST

Steinobst *Pfirsiche, Aprikosen, Pflaumen, Kirschen bereichern längst unsere Obstteller – und jetzt auch die Küche. Es lohnt sich, nach bester Qualität Ausschau zu halten, denn die saftige Süße entfalten sie am besten, wenn sie vollreif geerntet werden.*

Beeren *Von süß und weich über saftig bis säuerlich sind Erdbeeren, Johannisbeeren, Heidelbeeren & Co. unschlagbar vielseitig und für Dips, in Smoothies, zum Aromatisieren und als Dessert unverzichtbar.*

Melonen *Eigentlich ein Gemüse, wird jedoch wie Obst verwendet. Auch hier gilt: Die Vielfalt der Sorten auskosten, ausprobieren und immer auf den richtigen Reifegrad achten. Ein guter Gemüsehändler kann da Wunder wirken.*

Südfrüchte & Exoten *Feigen, Ananas, Mango, Papaya – wenn Qualität und Reife stimmen, faszinieren sie durch einzigartige Aromen und setzen immer wieder überraschende Akzente. Ideal auch in Kombination mit pikanten und würzigen Zutaten.*

GEMÜSE

Wurzelgemüse, Kohl & Rüben *Von Bayerns Krautsalat bis Kimchi aus Korea, ob Grünkohl, Radieschen oder Mairübchen, in vielen Regionen der Welt lassen sich Genießer diese gehaltvollen Powergemüse schmecken.*

Fruchtgemüse
Die beste Wahl für den rohen Genuss sind Avocados, Paprikaschoten, Salatgurken, Tomaten, Zucchini. Und selbst Zuckermais schmeckt frisch geerntet überraschend zart und fein.

Fenchel *Populär und beliebt in der mediterranen Küche – und Dank des hohen Vitamin-C-Gehalts und der ätherischen Öle auch berühmt für seine Heilkraft. Perfekter Rohgenuss!*

NÜSSE, KERNE & CO.

Ob Walnuss, Mandel, Pistazie, Hasel- oder Erdnuss, das unverwechselbare Aroma und die wertvollen Öle dieser Knabbereien bereichern, würzen und verfeinern.

Kokosnuss
Das weiße Fruchtfleisch und das frische Kokoswasser im Inneren dieser Steinfrucht sorgt für den begehrten exotischen Touch auf dem Teller.

Cashewnüsse
Zum Schälen werden sie mit Hitze behandelt und kommen auch nur geschält auf den Markt. In der rohen und veganen Feinschmeckerküche fast unverzichtbar.

AROMA PUR

FEINE WÜRZE FÜR ROHE GENÜSSE

SÜSSES

Wer roh liebt, muss darauf nicht verzichten: Echter Honig vom Imker ist nicht wärmebehandelt. Datteln werden unter der sengenden Sonne getrocknet. Und die gerösteten, aufgebrochenen Kakaobohnen (Kakaonibs) schmecken wirklich unglaublich schokoladig.

ÖLE & ESSIGE

Kalt gepresste Öle vom süßen Haselnussöl bis zum grasig-aromatischen Olivenöl unterstützen das natürliche Aroma der Zutaten und sind einfach lecker! Beim Essig sollte jeder selbst entscheiden, ob er zum echt rohen Apfelessig greift oder auch mal zu den nicht streng rohen, aber delikaten anderen Sorten.

KRÄUTER & BLÜTEN

Würzig, erfrischend, pfeffrig, sauer und sogar süß: Kräuter sind kleine Aromabomben, gesund und appetitanregend. Und die Blüten von Kapuzinerkresse oder Zucchini, von Schnittlauch, Borretsch, Salbei oder Gänseblümchen zaubern nicht nur Farbtupfer auf den Teller, sondern überraschen auch mit feinem Aroma.

ZITRUSFRÜCHTE

Limetten, Zitronen, Orangen und Grapefruits geben nicht nur Aroma. Sie »garen« mit ihrer Säure Fisch und Fleisch auf leichte, erfrischende Weise. Und sie verfeinern Dressings und Marinaden, Salate und eingelegtes Gemüse.

KNOBLAUCH, CHILI & CO.

Die fruchtige Schärfe von Chilis harmoniert wunderbar mit pikanten und süßen Partnern. Junger frischer Knoblauch und Ingwer am besten fein reiben, je nach Geschmack möglichst vorsichtig dosieren. Viele Pilze, von Steinpilzen über Morcheln bis zu Kräuterseitlingen, lassen sich sehr gut trocknen und sind dann leicht verdaulich. Mit der Muskatreibe zerkleinert und mit Salz vermengt ergibt das ein wunderbares Gewürzsalz.

HANDWERKSZEUG FÜR DIE KÜCHE

Einige Utensilien machen die rohe Küche fix und einfach. Und sind sie immer griffbereit, kommen sie bestimmt auch häufig zum Einsatz.

Ein **kleines Messer** ist Pflicht – es liegt gut in der Hand und ist darum optimal für alle Kleinarbeiten. Wer mag, kann sich für zwei Größen entscheiden, eine tut es aber auch: Ein **Gemüse**- oder **Schälmesser** (6–8 cm lange Klinge) ist perfekt, um Gemüse und Obst zu putzen, ein **Universalmesser** mit spitzer, schmaler Klinge (ca. 15 cm) macht das Filetieren von Zitrusfrüchten besonders einfach. Immer wichtig: Beide Messer sollten robust und schön scharf sein.

Mit einem **Sparschäler** werden vor allem Gemüse oder Obst geschält. Aber nicht nur dafür ist dieses Handwerkszeug gut, man kann damit auch hauchfeine Streifen oder Scheiben »hobeln«: Den Schäler bei Möhre, roher Papaya, Zucchini oder Spargel einfach oben ansetzen und der Länge nach bis nach unten ziehen. Ob sie lieber mit einem **Pendelschäler** (bewegliche Klinge) oder einem **Schäler mit fester Klinge** arbeiten, ist Geschmackssache. Hat die Klinge aber einen speziellen **Zackenschliff,** ist sie besonders scharf und man kann sogar Pfirsiche oder Tomaten damit schälen.

Mit **feinen Reiben** bekommt man nicht nur Berge von Käse klein, auch Zitrusschale oder Ingwer lassen sich fein (ab-)reiben. Mit der **Microplane** geht das besonders gut: ein spezielles Herstellungsverfahren macht die Zähne des Reibeblatts extrascharf.

Fast schon ein Muss: der **Pürierstab.** Mit ihm lassen sich Suppe und Sauce aufschäumen, Dressings mixen, Obst und Gemüse fein zerkleinern. Dabei braucht man keine besonderen zusätzlichen Utensilien – zerkleinert und gemixt wird gleich im Topf, in der Schüssel oder im Rührbecher. Gibt es als Einzelgerät oder als Aufsatz für das Handrührgerät.

Ein echter Hingucker: Zucchini, Möhren & Co. in Spaghettiform. Möchte man festes Gemüse in feine Spiralen oder auch Streifen schneiden, hilft einem ein **Spiralschneider.** Es gibt kleine, preisgünstige Modelle ohne Kurbel und größere mit Kurbel, die etwas mehr kosten. Letztere sind bei häufiger Benutzung empfehlenswert. Für den Großeinsatz unbedingt zu einem elektrischen Gerät greifen.

KLEINES MESSER

Perfekt zum Putzen, Zerkleinern oder Filetieren von Obst und Gemüse

SPARSCHÄLER

Lässt Obst- und Gemüseschalen fallen und »hobelt« Gemüse in hauchfeine Streifen oder Scheiben

FEINE REIBE

Unentbehrlich fürs Abreiben von Zitrusschale, Käse raspeln und vieles mehr

PÜRIERSTAB

Zerkleinert Obst und Gemüse zu feinem Püree, Mus oder zarten Suppen, schäumt Dressings und Saucen auf

SPIRALSCHNEIDER

Bringt Zucchini, Möhren & Co. in Spaghettiform

Ein **großes Messer** gehört als echter Allrounder in jede Küche. Es ist optimal für das grobe Schneiden und feine Hacken von Kräutern, Gemüse, Fisch, Fleisch. Ganz nach Vorliebe können Sie ein **asiatisches Hackbeil** (rechteckige etwa 20 cm lange und bis zu 10 cm breite Klinge) oder ein herkömmliches **großes Kochmesser** mit spitz zulaufender, breiter Klinge (15–26 cm lang) wählen. Wichtig ist bloß, dass Beil wie Messer gut in der Hand liegen, damit man sie optimal führen kann. Außerdem auf Robustheit und Schärfe achten!

Mit einem **langen Messer** lässt sich dank der schmalen, spitz zulaufenden Klinge (etwa 25 cm) nicht nur Fisch bestens filetieren, sondern auch Fisch- und Fleischstücke sowie Schinken zu hauchdünnen Scheiben aufschneiden. Unbedingt darauf achten, dass es immer gut geschärft ist!

Mit einer simplen **Küchenreibe** wird Obst und Gemüse in Einheitsgröße gehobelt und geraspelt. Profis verwenden lieber eine **Mandoline**, die verschiedene Schnittformen ermöglicht – von unterschiedlich dicken Scheiben, feinen Gemüsestreifen, spiralförmigen Schnitten bis zu Würfeln oder Stäbchen. Eine gute Mandoline besteht aus einer Laufschiene mit Klinge und einem Schlitten, der das Schnittgut aufnimmt und gleichzeitig die Finger schützt, während man sanft daraufdrückt und das Nahrungsmittel über die Klinge zieht. So werden Obst und Gemüse beim Zerkleinern nicht gequetscht und bleiben schön saftig.

Optik ist in der kalten Küche besonders wichtig, denn es fehlt der feine Duft, der beim Garen aus Topf oder Ofen strömt und uns das Wasser im Mund zusammenlaufen lässt. Mithilfe einer **Spritzflasche** können Sie den Gerichten eine elegante oder pfiffige Note geben. Dressing oder Sauce in die flexible Kunststoffflasche füllen, verschließen und den Inhalt so herausdrücken, dass er dekorativ auf den Teller kommt, etwa in Fäden oder Punkten. Fürs bessere Reinigen darauf achten, dass die Flasche spülmaschinengeeignet ist.

In einem **Standmixer** lässt sich von Obst und Gemüse über Nüsse bis zu Eiswürfeln alles ganz fix zerkleinern und pürieren. Beste Vorraussetzung also, um darin leckere Smoothies und Drinks oder auch Gazpacho zu mixen. Damit das alles gelingt, beim Kauf in jedem Fall darauf achten, dass das Gerät mindestens 800 Watt hat. Je mehr Stufen es gibt, desto besser lässt sich der Zerkleinerungsgrad bestimmen. Auch noch gut: Die Messereinheit des Geräts sollte sich zum Reinigen entfernen lassen und die abnehmbaren Teile spülmaschinenfest sein.

GROSSES MESSER

mit breiter Klinge oder asiatisches Hackbeil fürs grobe Zerteilen oder ganz feine Hacken

LANGES MESSER

mit schmaler Klinge fürs hauchfeine Aufschneiden von (angefrorenem) Fleisch und Fisch als Carpaccio

MANDOLINE

mit diversen Aufsätzen fürs perfekte Hobeln und Raspeln von Obst und Gemüse

SPRITZFLASCHE

fürs dekorative Aufbringen von Dressing oder Sauce

STANDMIXER

zum Pürieren von Obst, Gemüse und Eiswürfeln in größeren Mengen

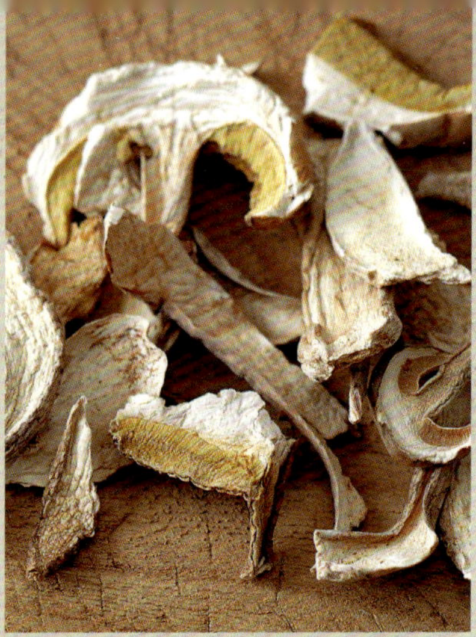

TRADITIONELLE TECHNIKEN: »GAREN« OHNE HITZE

1 TROCKNEN

Frühere Generationen trockneten Lebensmittel, um sich für die kalte Jahreszeit mit Obst, Gemüse, Fisch und Fleisch zu bevorraten. In vielen Kulturen, ob bei den Indianern an der kanadischen Westküste oder bei portugiesischen Fischern, wurde so für den Winter vorgesorgt. Besonders begehrt waren auch getrocknete Pilze aller Art, die dank ihres hohen Vitamin-D-Gehalts das Immunsystem gestärkt haben.

Im Süden Italiens sieht man auch heute noch in den Dörfern Tische voller praller Tomaten, die unter der südlichen Sonne langsam getrocknet werden. Nördlich der Alpen können wir auf solche natürlichen Hilfsmittel leider nicht zurückgreifen – aber mittlerweile gibt es professionelle Dörrautomaten (auch für den kleinen Haushalt), die das Trocknen übernehmen. Die Geräte sind erschwinglich (mehr als 35 Euro muss man nicht ausgeben), kinderleicht zu handhaben und ganz einfach zu reinigen. Viele Obstsorten, etwa Birnen und Mirabellen, und Pilze eignen sich fürs Dörren. Kartoffeln und Süßkartoffeln hingegen bekommen ein muffiges Aroma.

Tipp: Alternativ zum Dörrautomaten **kann man auch den Backofen (Umluft!) einschalten. In diesem Fall müssen Sie aber etwas mehr Zeit einplanen, da die Lebensmittel im Ofen fürs Trocken wesentlich länger brauchen als im Dörrautomaten.**

2 KALTRÄUCHERN

Kalträuchern bei Temperaturen von 15–25 Grad gehört wie Warm- (25–50 Grad) oder Heißräuchern (50–90 Grad) zu den alteingesessenen Konservierungsmethoden. Fisch, Fleisch oder auch Nüsse werden zunächst vorbehandelt – also gesalzen, gepökelt, gewürzt –, um für uns schädlichen Mikroorganismen vorzubeugen, bevor sie dann Rauch und Wärme ausgesetzt werden. Kaltgeräuchertes ist besonders lange haltbar. Das liegt daran, dass es wesentlich länger geräuchert werden muss als Warm- oder Heißgeräuchertes. Oft wird Kaltgeräuchertes hinterher noch luftgetrocknet. Kaminwurzen, Biltong (Trockenfleisch aus Südafrika) oder Beef jerky (Trockenfleisch nach indianischer Tradition) sind Beispiele dafür. Im Gegensatz dazu werden Schinken wie Serranoschinken nur luftgetrocknet und nicht geräuchert. Wichtig: Kaltgeräuchertes trotz langer Haltbarkeit immer gut gekühlt aufbewahren.

Während früher das Räuchern von Lebensmitteln ausschließlich der Konservierung diente, räuchert man sie heutzutage vorrangig, um ihnen eine besondere geschmackliche Note zu geben. Für ein feines Ergebnis ist die Qualität des Holzes wichtig: Es muss auf jeden Fall harzfrei sein. Welches Holz verwendet wird, ist dagegegen Geschmackssache. Für den Hausgebrauch gibt es Eichen- oder Buchenmehl; Profis verwenden beim Fischräuchern auch teures, aromatisches Akazienholz. Reine Kalträucherautomaten sind teuer, aber für etwa 40 Euro gibt es bereits Zusatzgeräte zum Kalträuchern, die man ganz einfach in den bereits vorhandenen Räucherofen einschiebt.

Tipp: Damit die Kalträuchertemperatur von maximal 25 Grad erhalten bleibt, darf die Außentemperatur nicht über 30 Grad **liegen.**

4 MARINIEREN & BEIZEN

Auch das Marinieren und Beizen hat Tradition: Früher wurden Lebensmittel in Salzwasser eingelegt (abgeleitet vom frz.: mariné), um sie für lange (See-)Reisen zu konservieren. Heute ist es vor allem eine feine Art Fleisch, Fisch und Gemüse nicht nur ein spezielles Aroma zu geben, sondern sie auch zarter zu machen.

Die Basis von Marinaden oder nassen Beizen ist eine saure Flüssigkeit wie Essig, Wein, Zitronensaft oder Buttermilch. Dazu kommen neben kalt gepresstem Öl reichlich Kräuter und Gewürze für Farbe und Geschmack. Nicht mit von der Partie ist Salz. Das würde das Eindringen der Aromen verschlechtern. Dies ist eine perfekte Methode, um Fisch zu »garen«, sodass er als leckeres Ceviche serviert werden kann. Und auch getrocknete Tomaten und Pilze oder fein geschnittenes Gemüse schmecken mariniert besonders gut.

Bei trockenen Beizen wird dagegen etwa Schinken mit einem Salz-Gewürze-Mix eingerieben und nach dem »Ziehen« geräuchert oder luftgetrocknet, bei Graved Lachs die aufgetragene Salzmischung mit frischem Dill ergänzt. Bestes ROH-Food!

3 EINSALZEN & PÖKELN

Fleisch, Fisch, Gemüse und Obst verderben und werden ungenießbar, wenn sich Bakterien und andere Mikroben einnisten konnten. Abhilfe bringt ausreichend Salz, das die Lebensmittel vollständig bedeckt, auf diese Weise gleichmäßig durchdringen kann und so die enthaltene Flüssigkeit bindet und für die Mikroorganismen unbrauchbar macht.

Das Einsalzen zählt zu den ältesten Konservierungsmethoden von Lebensmitteln und wurde schon damals gerne mit dem Trocknen kombiniert. Etwa an den europäischen Küsten zwischen Island und Portugal wussten die Dorfbewohner um die Wirkung des Salzes. Sie rieben die Fische gut damit ein und trockneten sie, um für den Winter ausreichend Vorrat zu haben. Spätestens seit dem Mittelalter diente der auf diese Weise haltbar gemachte Kabeljau sogar als Zahlungsmittel. Und heute gibt es ihn immer noch als Klippfisch zu kaufen. Aber auch in anderen Ländern wurde Salz zur Haltbarmachung eingesetzt: In Italien etwa werden die Keulen bestimmter Schweinerassen gesalzen, zehn bis zwölf Montat luftgetrocknet und dann als Parmaschinken verkauft. Und in Spanien gibt es den Serranoschinken, der auf die gleiche Weise hergestellt wird.

Mengt man dem Salz noch Salpeter oder Nitrit bei, heißt der Konservierungsvorgang nicht mehr nur Einsalzen, dann wird er Trocken-Pökeln genannt. Diese beiden Zusatzstoffe unterstützen die bakterienhemmende Wirkung des Salzes und verleihen dem Nahrungsmittel seinen typischen Rotton. Kommt zudem Wasser hinzu, entsteht eine Salzlake, in der zum Beispiel Fleisch oder Oliven eingelegt und gepökelt werden. Dabei gilt: Je höher der Salzgehalt der Lake, desto länger die Haltbarkeit des Gepökelten.

Das geht immer: Gewürze, Kräuter oder andere Aromen werden dazugegeben, um Fleisch, Fisch & Co. einen ganz besonderen Geschmack zu verleihen.

REZEPTE

SALATE

– keine Frage, zählen unbedingt zu den Gerichten, die in die rohe Küche gehören! Knackigen Batavia, Lollo rosso oder Romana mit einem Dressing aus kalt gepresstem Öl hat eigentlich jeder schon auf seinem Teller gehabt. Nimmt man stattdessen einmal Avocado, Spargel, Rübchen oder Kohl, kombiniert das mit ein paar aromatischen Früchten oder Nüssen und greift dazu in die Kräutertrickkiste, dann wird daraus ein fantastischer Power-Mix aus Vitalstoffen. Kleine Extras in diesem Kapitel: asiatisch angehauchte Dressings und würzige Pickles, Rohkost auf die feine englische Art.

AVOCADO-GRAPEFRUIT-SALAT MIT BASILIKUM

Diesen vielseitigen Salat können Sie entweder als leichte Vorspeise servieren oder als Beilage zu mariniertem Thunfisch (Seite 108) oder Lachs. Wenn Sie nur eine leichte Bitternote mögen, passt Pink Grapefruit perfekt. Schätzen Sie aber den Gegensatz zwischen einer zart-cremigen Avocado und einer bitteren Frucht, greifen Sie eher zur klassischen gelben Grapefruit.

2–3 Grapefruits (pink oder gelb, ganz nach Geschmack; auch sehr fein: Pomelo)
2 Avocados
1 rote Chilischote
1 Bund Basilikum
3 EL kalt gepresstes Olivenöl
einige Spritzer Zitronensaft
Salz | schwarzer Pfeffer

Für 4 Personen
Zubereitung: 30 Min.
Pro Portion: 910 kcal,
8 g EW, 90 g F, 15 g KH

1 Über einer Schüssel mit einem kleinen scharfen Messer die Schalen der Grapefruits großzügig abschneiden. Die verbleibende weiße Haut sorgfältig abtrennen. Zum Filetieren nach und nach jedes Fruchtsegment direkt an den beiden Trennhäuten einschneiden, das Fruchtfilet auslösen. Den dabei austretenden Saft in der Schüssel auffangen. Übrige Häute gut ausdrücken.

2 Avocados längs halbieren, entkernen, schälen, würfeln und in eine zweite Schüssel füllen. Die Avocadokerne dazulegen – sie verhindern das Anlaufen und unschöne Verfärben der Avocados. Mit Folie abdecken.

3 Chilischote waschen, je nach gewünschtem Schärfegrad von den Kernen befreien, fein hacken und unter die Avocadowürfel rühren. Basilikumblätter von den Stängeln zupfen, 4 schöne Blätter für die Garnitur beiseitelegen.

4 Olivenöl, Basilikum, Zitronensaft, Salz, Pfeffer und 2 EL Grapefruitsaft mit dem Pürierstab zu einem cremigen Dressing verrühren. Dressing unter die Avocadowürfel heben (Avocadokerne vorher herausnehmen).

5 **Anrichten:** In Verrines kommen die Farben der Salatzutaten besonders gut zur Geltung. Schichten Sie abwechselnd aromatisierte Avocadowürfel und die Grapefruitfilets in vier kleine Gläser. Mit den beiseitegelegten Basilikumblättern garnieren.

TIPP

Avocados schmecken nur, wenn sie wirklich reif sind – also wenn sie beim Drücken der Schale ein wenig nachgeben. Nicht immer findet man jedoch auf den Punkt gereifte Avocados. Sie können sie aber einfach nachreifen lassen: bei Raumtemperatur in einer Papiertüte zusammen mit einer Banane.

LÖWENZAHNSALAT MIT PFIRSICHEN UND SERRANOSCHINKEN

Überraschenderweise schmeckt Zucht-Löwenzahn wesentlich bitterer als sein wild wachsender Artgenosse. Dieses Rezept mit seiner fruchtigen Süße ist für gezüchteten Löwenzahn gedacht, schmeckt aber auch zu jungen Löwenzahnblättern, die Sie selbst gesammelt haben. Anstelle der Löwenzahnblüten können Sie natürlich genauso andere dekorative Wildblüten verwenden – sie sind mittlerweile in gut sortierten Supermärkten und auf Wochenmärkten zu finden.

200 g junger Löwenzahn
4 dünne Scheiben Serranoschinken
2 EL Mandeln
2–3 weiße Pfirsiche
1 kleine Limette
½ TL flüssiger Honig
schwarzer Pfeffer
1 kleine Handvoll essbare Blüten (z. B. Löwenzahn-, Schnittlauch- oder Borretschblüten; nach Belieben)

Für 4 Personen
Zubereitung: 20 Min.
Pro Portion: 175 kcal, 15 g EW, 8 g F, 10 g KH

1 Den Löwenzahn verlesen, waschen und trocken tupfen oder schleudern. Die Blätter in mundgerechte Stücke zupfen. Die Schinkenscheiben quer in feine Streifen schneiden. Die Mandeln grob hacken.

2 Wen die Pfirsichhaut stört: Früchte mit einem Sparschäler mit speziellem Zackenschliff schälen. Dann die Pfirsiche halbieren, entsteinen und in dünne Spalten schneiden.

3 Den Saft der Limette auspressen. In einem Schüsselchen den Limettensaft mit dem Honig verrühren. Das Dressing mit Pfeffer abschmecken.

4 **Anrichten:** Löwenzahnblätter auf vier kleine Schalen oder flache Teller verteilen, mit dem Dressing beträufeln. Die Pfirsichspalten und Schinkenstreifen darauf anrichten und mit den Mandeln bestreuen. Nach Belieben zum Schluss noch mit den Blüten dekorieren.

TIPP

Wer keinen Sparschäler mit Zackenschliff hat, kann die Pfirsiche auch mit kochend heißem Wasser überbrühen, abschrecken und dann häuten.

WALDORFSALAT MIT WEINTRAUBEN

Den klassischen Waldorfsalat, der wohl in der Küche des gleichnamigen New Yorker Hotels erfunden wurde, habe ich mit Staudensellerie und Weintrauben abgewandelt. Die Mayonnaise für dieses Rezept ist selbst gemacht (mir schmeckt sie am besten mit geschmacksneutralem Pflanzenöl), aber natürlich können Sie auch gekaufte feine Mayonnaise verwenden.

FÜR DIE MAYONNAISE

1 zimmerwarmes Ei (M)
200 ml kalt gepresstes Öl (z. B. Raps-, Distel- oder Sonnenblumenöl)
Salz | schwarzer Pfeffer
einige Spritzer Zitronensaft

FÜR DEN SALAT

2 Granny-Smith-Äpfel (ersatzweise eine andere säuerliche festfleischige Sorte)
2 Pink-Ruby-Äpfel (ersatzweise eine andere fruchtig-süße Sorte)
1–2 EL Zitronensaft
250 g rote Weintrauben (ohne Kerne)
4 Stangen Staudensellerie
100 g Walnusskerne
Salz | schwarzer Pfeffer
1 Baby-Römersalat

Für 4 Personen
Zubereitung: 15 Min.
Kühlen: 1 Std.
Pro Portion: 760 kcal,
8 g EW, 68 g F, 28 g KH

1 Für die Mayonnaise in einem hohen Rührbecher das Ei mit dem Pürierstab oder einem Schneebesen verschlagen. Dann zunächst das Öl tröpfchenweise unterschlagen. Sobald die Masse etwas cremiger wird, das Öl in einem langen dünnen Strahl dazulaufen lassen, dabei immer weiterschlagen, bis sich eine nicht mehr flüssige Creme gebildet hat. Mayonnaise mit wenig Salz, Pfeffer und Zitronensaft würzen. Abdecken und sofort kalt stellen.

2 Für den Salat Äpfel waschen, vierteln, vom Kerngehäuse befreien, in feine Spalten schneiden und in eine Schüssel geben. Mit Zitronensaft beträufeln, damit sie sich nicht verfärben. Die Weintrauben waschen und halbieren. 2 EL Trauben für die Garnitur beiseitelegen, den Rest unter die Äpfel mengen. Die Selleriestangen waschen, putzen, in feine Streifen schneiden und ebenfalls unter die Äpfel mischen. Die Walnusskerne grob hacken.

3 Etwa 4 EL Mayonnaise (den Rest anderweitig verwenden, siehe Tipp) unter den Salat mengen, abdecken und im Kühlschrank 1 Std. durchziehen lassen. Dann den Waldorfsalat gut durchrühren und mit Salz und Pfeffer abschmecken. Den Römersalat putzen, die Blätter im Ganzen abbrausen und trocken tupfen, mundgerecht zerkleinern.

4 **Anrichten:** Die Salatblätter auf vier Tellern auslegen, den Waldorfsalat auf den Blättern anrichten. Mit den beiseitegelegten Weintrauben garnieren, die Walnüsse darüberstreuen.

TIPPS

Selbst gemachte Mayonnaise nicht länger als 1–2 Tage im Kühlschrank aufbewahren. Dann können Sie sicher sein, dass sich keine Salmonellen bilden.

Für den Waldorfsalat braucht man nur einen Teil der Mayonnaise, den Rest kann man etwa für Coleslaw (Seite 48) oder Tatar (Seite 122) verwenden. Oder auch einfach mal ein Sandwich damit bestreichen.

1

2

3

4

VIETNAMESISCHER PAPAYASALAT

Papayas mit ihrem leuchtend orangefarbenen Fruchtfleisch laden zum Ausprobieren ein. Die unreifen Früchte, die im asiatischen Raum – und besonders in Vietnam – als Gemüse verarbeitet werden, bekommt man in gut sortierten Asialäden. Sie haben nicht so viel Aroma wie die reifen Früchte, die man als Obst isst, weswegen die Marinade ruhig etwas kräftiger ausfallen darf. Hier wurden das herrlich würzige Koriandergrün, das intensiv nach Sesam und Nuss schmeckende Sesamöl und die pikante Fischsauce kombiniert.

1 große grüne Papaya (aus dem Asialaden)
2 Möhren
1 Bund Koriandergrün
4 EL ungeröstete Erdnüsse
1 kleine Knoblauchzehe
1 Chilischote
2 EL Fischsauce
2–3 EL Sesamöl
2 Limetten

Für 4 Personen
Zubereitung: 20 Min.
Pro Portion: 145 kcal, 5 g EW, 8 g F, 6 g KH

1 Die Papaya mit dem Sparschäler schälen, längs halbieren und die Kerne im Inneren mit einem Löffel herausschaben. Die Papaya dünn aufschneiden – entweder mit der Mandoline in dünne Scheiben hobeln oder mit dem Sparschäler dünne Streifen abziehen.

2 Die Möhren schälen und mit der Küchenreibe fein raspeln oder mit einem Messer ganz fein schneiden. Das Koriandergrün abbrausen, trocken schütteln und die Blättchen abzupfen. Die Erdnüsse grob zerkleinern: dazu entweder einen Mörser verwenden oder die Nüsse in einen verschließbaren Gefrierbeutel füllen und mit dem Nudelholz darüberrollen.

3 Die Knoblauchzehe schälen, die Chilischote waschen und putzen, beides fein hacken. Knoblauch und Chili in einer kleinen Schüssel mit der Fischsauce und dem Sesamöl verrühren. Den Saft der Limetten dazupressen.

4 **Anrichten:** Papaya auf vier tiefe Teller verteilen und darauf die Möhren dekorativ anrichten. Das Dressing darüberträufeln, den Salat mit Korianderblättchen und Erdnüssen bestreuen.

TIPP

Eine gute Fischsauce riecht intensiver als sie schmeckt. In Südostasien wird sie sogar häufig in »süßen« Obstsalaten verwendet. In geringer Dosierung unterstreicht die Sauce das fruchtig-exotische Aroma.

1 TAHINI-LIMETTEN-DRESSING

1 kleine Knoblauchzehe
1 Limette
50 g Tahini (Sesampaste)
1 EL Sojasauce

Für 4–6 Personen
Zubereitung: 5 Min.
Pro Portion (bei 6): 60 kcal, 2 g EW, 5 g F, 1 g KH

Knoblauchzehe schälen und fein hacken. Den Saft der Limette auspressen.

Knoblauch und Limettensaft mit den restlichen Zutaten in einen hohen Rührbecher geben. Alles mit dem Pürierstab fein aufschlagen, dabei nach Wunsch esslöffelweise mit eiskaltem Wasser verdünnen.

Passt zu Gemüsesticks, besonders zu etwas schärferen Paprikasticks, schmeckt aber auch gut zu Möhren.

Tipp: Tahini **ist eine aus Sesamsamen gewonnene Paste. Die Konsistenz ist je nach Hersteller fest bis zähflüssig. Für dieses Dressing ist die flüssigere Variante die bessere Wahl.**

2 KRÄUTER-MISO-DRESSING

2 EL kalt gepresstes Olivenöl
1 EL Sojasauce
2 EL Miso
2 EL Apfelessig
1 kleines Bund glatte Petersilie
1 kleines Bund Dill

Für 4–6 Personen
Zubereitung: 5 Min.
Pro Portion (bei 6): 42 kcal, 1 g EW, 4 g F, 2 g KH

Das Olivenöl mit der Sojasauce, dem Miso und dem Apfelessig in einen hohen Rührbecher geben und mit dem Pürierstab fein aufschlagen.

Die Kräuter abbrausen und trocken schütteln. Petersilienblättchen und Dillspitzen von den Stängeln zupfen, beides kurz mitpürieren. Nach Belieben das Dressing dann noch durch ein feines Sieb streichen.

Zum Dippen für Edamame oder als würzige Sauce zu Sojabohnenkernen.

Tipp: Miso. **Wenn Sie die salzige Würze dieser japanischen, hauptsächlich aus Sojabohnen hergestellten Paste noch nicht kennen (man kann sie eigentlich mit keinem anderen Aroma vergleichen), dann bereiten Sie das Dressing erst mal nur mit 1 EL Miso zu und geben dann nach Geschmack zusätzlich Miso dazu.**

3 ASIADRESSING

1 Stück Ingwer (etwa 2 cm)
2 Datteln
1 Limette
100 ml kalt gepresstes Sonnenblumen- oder Rapsöl
2 EL kalt gepresstes Sesamöl
2 EL Sojasauce

Für 4–6 Personen
Zubereitung: 5 Min.
Pro Portion (bei 6): 193 kcal, 0 g EW, 20 g F, 2 g KH

Den Ingwer schälen und auf der Küchenreibe fein raspeln. Datteln längs aufschneiden, entsteinen und grob hacken. Den Saft der Limette auspressen.

Ingwer, Datteln und den Limettensaft mit den restlichen Zutaten in einen hohen Rührbecher geben. Alles mit dem Pürierstab fein aufschlagen, dabei nach Wunsch esslöffelweise mit eiskaltem Wasser verdünnen.

Gut als Pastasauce für Glasnudeln oder zu Kohlrabi.

4 TOMATENDRESSING

6 sonnengetrocknete Tomaten (in Öl)
1 kleine Knoblauchzehe | 1 Zitrone
100 ml kalt gepresstes Olivenöl
1 EL Apfelessig
2 Stängel Oregano
Salz | schwarzer Pfeffer

Für 4–6 Personen
Zubereitung: 10 Min. | Marinieren: 2 Std.
Pro Portion (bei 6): 178 kcal, 0 g EW, 19 g F, 0 g KH

Die Tomaten winzig klein würfeln. Knoblauch schälen und fein reiben. Beides in ein gründlich gesäubertes Schraubglas füllen. Saft der Zitrone auspressen und mit Öl und Apfelessig dazugießen. Glas verschließen und das Dressing gut durchschütteln.

Oregano abbrausen und trocken schütteln, Blättchen abzupfen, fein hacken und mit Salz und Pfeffer zum Dressing geben. Alles nochmals durchschütteln, mindestens 2 Std. durchziehen lassen. Nach Belieben vor dem Weiterverarbeiten durchseihen.

Lecker zu Rucolasalat, Rohmilchkäse, Paprika und Salatgurke.

Balsamico-**Variante: Wenn Sie nicht ganz roh essen wollen, können Sie den Apfelessig und Zitronensaft durch etwa 1 ½ TL Aceto balsamico ersetzen.**

ZUCCHINI MIT GRÜNEM SPARGEL UND PISTAZIENPESTO

Feine Zucchinistifte lassen sich ganz einfach mit der Mandoline oder dem Messer herstellen. Wenn Sie besonders knackige Zucchini bekommen, können Sie auch mit dem Spiralschneider daraus dünne Streifen drehen, die in der Form an Spaghetti erinnern – so oder so ist das die beste Basis für diesen Salat.

2 Zucchini
8 Stangen grüner Spargel
2 EL Pistazienkerne
1 kleines Bund Basilikum
4 EL kalt gepresstes Olivenöl
1 TL feines Salz (z. B. rosafarbenes Himalaya-Salz)
einige Spritzer Apfelessig (nach Belieben)

Für 4 Personen
Zubereitung: 30 Min.
Pro Portion: 155 kcal,
4 g EW, 14 g F, 3 g KH

1 Die Zucchini waschen und putzen. Zucchini nacheinander in den Spiralschneider schieben und über einer Schüssel spaghettiförmig herausdrehen (Seite 15). Je nach Fabrikat bleibt dann ein 1–3 cm dicker Zucchinirest übrig, den Sie für einen Smoothie (Seite 68) verwenden können. Oder die Zucchini komplett mit dem Messer in sehr feine Stifte schneiden.

2 Die Spargelstangen waschen, holzige Enden abschneiden. Die Spargelköpfe abschneiden, längs halbieren und für die Garnitur beiseitelegen. Die Spargelstangen mit dem Spargel- oder Sparschäler der Länge nach in hauchdünne, fast durchsichtige Streifen schneiden und zu den Zucchini geben.

3 Die Hälfte der Pistazienkerne grob hacken. Die Basilikumblätter von den Stängeln zupfen, 8 schöne Blätter für die Garnitur beiseitelegen. Den Rest der Blätter mit den ganzen Pistazienkernen, Olivenöl, etwas Salz und eventuell Apfelessig in einen hohen Rührbecher geben und mit dem Pürierstab fein pürieren. Das Pesto über Zucchini und Spargel gießen und gut unterheben.

4 **Anrichten:** Das Gemüse in der Mitte von vier Pasta- oder Suppentellern in lockeren Häufchen anrichten. Spargelköpfe, gehackte Pistazien und die beiseitegelegten Basilikumblätter darüberstreuen.

TIPP

Die dunkle Zucchinischale verleiht dem Gericht zusammen mit dem Pesto eine appetitliche Ton-in-Ton-Färbung in Grün. Wer möchte, kann das Gemüse aber auch vorm Zerkleinern noch schälen.

ZARTE MÖHREN MIT SCHARFER KOKOSSAUCE

Meine Großmutter hat Möhren immer leicht schräg in Scheiben geschnitten und dabei stets ein wenig um die eigene Achse gedreht. So schmecken sie nicht bitter und sehen außerdem dekorativ aus. Ich halte es wie sie. Andere, genauso hübsche Möglichkeit: Mit einem scharfen Sparschäler hauchfeine »Locken« aus den Möhren hobeln.

2 EL Cashewnüsse
4 kleine junge Möhren (etwa 300 g)
100 g Blattspinat
½–1 Bund Rucola
10–15 Blätter Thai-Basilikum
1 kleine rote Chilischote
3 EL Kokosmilch
Salz
4 gelbe oder orange Kresseblüten (nach Belieben)

Für 4 Personen
Zubereitung: 25 Min.
Einweichen: 6 Std.
Pro Portion: 70 kcal,
3 g EW, 4 g F, 6 g KH

1 Die Cashewnüsse in einer kleinen Schüssel mit kaltem Wasser bedecken und mindestens 6 Std. einweichen. Dann in ein Sieb abgießen und abtropfen lassen, dabei das Einweichwasser auffangen.

2 Die Möhren schälen und wie oben beschrieben schneiden oder hobeln. Den Spinat verlesen und in reichlich kaltem Wasser waschen, ausdrücken. Bei Bedarf ein zweites Mal in frischem Wasser waschen. Die Blätter gut ausdrücken, mit einem Küchentuch trocknen oder trocken schleudern. Rucola verlesen, abbrausen und trocken schütteln. Das Thai-Basilikum abbrausen und trocken tupfen. Die Chilischote waschen, putzen und grob hacken.

3 Den Spinat mit Rucola, Basilikum, Chili, Cashewnüssen und der Kokosmilch in einem Standmixer zu einer flüssigen Sauce pürieren. Ist sie nicht flüssig genug, etwas Cashew-Einweichwasser angießen. Alternativ Spinat, Rucola und Basilikum mit dem Messer fein hacken und im Mörser oder mit dem Pürierstab mit den restlichen Zutaten pürieren. Die Sauce salzen.

4 **Anrichten:** Die Spinat-Nuss-Sauce auf vier tiefe Teller verteilen, Möhren darauf anrichten. Nach Belieben mit den Kresseblüten garnieren.

TIPP

Thai-Basilikum schmeckt sehr intensiv, sein an Lakritze erinnerndes Aroma kann etwas bitter sein. Wenn Sie dieses Kraut noch nicht kennen, ist es besser, zunächst weniger Blättchen für die Sauce zu verwenden. Auch der Rucola ist je nach Sorte und Jahreszeit milder oder würziger. Er soll den Geschmack der anderen Zutaten nicht übertönen, deshalb hier ebenfalls vorsichtiger dosieren. Nachwürzen klappt auch bei Kräutern immer!

1

2

3

4

MAIRÜBCHEN MIT ORANGE

Mairübchen, auch Navetten genannt, sind eine ganz tolle Sache. Sie haben ein leicht nussiges Aroma, halten länger im Kühlschrank als Möhren, lassen sich prima pürieren und problemlos hauchdünn aufschneiden. Die Rüben sind ein leckerer Frühlingsbote und werden entgegen ihres Namens nicht nur im Mai angeboten, sondern zwischen April und Juli. Kaufen kann man sie in gut sortierten Supermärkten und auf dem Gemüsemarkt. Regional finden Sie später im Jahr dort Teltower Rübchen, die ebenfalls roh sehr fein sind und als Ersatz für Mairübchen dienen können.

2–3 Mairübchen (etwa 350 g)
2 Orangen
1–2 grüne Kardamomkapseln (ersatzweise ¼ TL gemahlenes Kardamom)
Salz | schwarzer Pfeffer
2 EL kalt gepresstes Olivenöl

Für 4 Personen
Zubereitung: 20 Min.
Pro Portion: 95 kcal,
1 g EW, 5 g F, 8 g KH

1 Die Mairübchen schälen und mit einer Mandoline oder einem großen scharfen Messer in sehr dünne Scheiben schneiden, beiseitestellen.

2 Über einer Schüssel mit einem scharfen Messer die Schalen der Orangen großzügig abschneiden. Die verbleibende weiße Haut sorgfältig abtrennen. Zum Filetieren nach und nach jedes Fruchtsegment direkt an den beiden Trennhäuten einschneiden, das Fruchtfilet auslösen. Den dabei austretenden Saft in der Schüssel auffangen. Übrige Häute gut ausdrücken.

3 Kardamomkapseln mit einem Messer aufschneiden. Die Samen herauslösen und in einem Mörser fein zerreiben. Kardamompulver mit 1–2 EL Orangensaft, Salz, Pfeffer und Öl zu einem cremigen Dressing verrühren.

4 **Anrichten:** Ein Drittel der Mairübchenscheiben auf vier Teller verteilen, darüber einige Orangenfilets mit etwas von dem restlichen Orangensaft anrichten. Darauf eine zweite Schicht Mairübchen, Orangenfilets und -saft verteilen. Die Türmchen zuletzt mit den übrigen Mairübchen abdecken. Das Dressing über den Türmchen verteilen.

TIPP: ORANGENÖL SELBST GEMACHT

Wer möchte, kann 1 Orange vor dem Schälen heiß waschen, abtrocknen und die Schale fein abreiben (in diesem Fall Bio-Ware kaufen). Die Orangenschale dann mit 200 ml kalt gepresstem Olivenöl in eine gründlich gesäuberte Flasche abfüllen, verschließen und an einem kühlen Ort 3–4 Tage ziehen lassen. Als Würzöl passt es gut zu Mairübchen mit Orangen, zu vielen Salatdressings und in kleiner Dosierung auch zu würzigen Obstsalaten. Haltbarkeit: mindestens 2 Wochen (damit es länger hält, vor dem Abfüllen durch ein Sieb gießen, um die Orangenschalen zu entfernen).

BLUMENKOHLRÖSCHEN MIT BUNTEN WÜRFELN

Nehmen Sie sich die Zeit und brechen Sie die einzelnen Blumenkohlrosen in winzige Röschen auf, nicht größer als ein Fingernagel. So schmeckt der Kohl viel feiner und lässt sich zudem besonders hübsch anrichten. Wir haben dafür einen speziellen Servierring aus Metall verwendet, den man in diversen Größen im gut sortierten Fachhandel kaufen kann. Im Hochsommer gibt es auf Wochenmärkten grüne Tomaten, die den Kohl optisch und geschmacklich perfekt ergänzen. Wählen Sie alternativ reife, aber feste rote Tomaten. Übrigens: Der Salat schmeckt auch nach zwei, drei Tagen noch lecker.

50 g Mandeln
1 kleiner Blumenkohl (etwa 600 g)
1 gelbe Paprikaschote
3 Tomaten (grün oder rot)
1 Stängel Minze
1 Orange
2–3 EL kalt gepresstes Traubenkernöl
Salz | schwarzer Pfeffer

Für 4 Personen
Zubereitung: 45 Min.
Pro Portion: 180 kcal, 6 g EW, 15 g F, 7 g KH

1 Die Mandeln im Blitzhacker oder mit einem großen Messer fein hacken. Den Blumenkohl waschen, putzen und in winzige Röschen teilen. Paprikaschote putzen, waschen und in winzige Würfel schneiden.

2 Die Tomaten waschen und halbieren, die Stielansätze herausschneiden. Die Kerne mit einem Teelöffel herausschaben. Das Fruchtfleisch genauso klein würfeln wie die Paprikaschoten. Alle vorbereiteten Zutaten in einer Schüssel vermischen.

3 Die Minze abbrausen und trocken schütteln, Blättchen von den Stängeln zupfen und bis auf etwa 10 Stück grob schneiden. Den Saft der Orange auspressen und mit Traubenkernöl, ganzen Minzeblättchen, Salz und Pfeffer in einen hohen Rührbecher geben. Mit dem Pürierstab zu einem aromatischen Dressing aufschäumen.

4 **Anrichten:** Einen Metallring (etwa 6 cm Ø) in die Mitte eines Tellers stellen. Ein Viertel der Gemüsemischung in den Ring schichten, mit etwas Dressing beträufeln und den Ring entfernen. Übriges Gemüse und Dressing wie beschrieben auf drei weitere Teller verteilen. Die grob geschnittenen Minzeblättchen über die Blumenkohltörtchen streuen.

TIPP

Kalt gepresstes Traubenkernöl schmeckt je nach Hersteller relativ mild bis aromatisch-scharf. Probieren Sie das Dressing erst mit weniger Öl aus. Wird es zu würzig, können Sie nun auch kalt gepresstes Rapsöl verwenden.

1

2

3

4

ROTKOHL MIT ROTER BETE UND PROSCIUTTO

Die fruchtige Süße in diesem knackigen Salat kommt vom Granatapfel. Wir haben dafür fertigen Granatapfelsaft (gibt es in vielen Supermärkten, alternativ in türkischen Gemüseläden schauen) verwendet. Im Winter und frühen Frühjahr haben Granatäpfel Saison – dann die Kerne herauslösen und den Salat damit ergänzen. Sehr lecker!

¼ Rotkohl (etwa 250 g)
2 kleine Rote Beten (etwa 200 g)
3 EL Granatapfelsaft
1 TL flüssiger Honig
3 EL kalt gepresstes Öl (z. B. Raps- oder Olivenöl)
Steakpfeffer (Würzmischung aus bunten Pfefferkörnern)
½ TL Salz (z. B. Weinsalz)
8 große dünne Scheiben Prosciutto

Für 4 Personen
Zubereitung: 30 Min.
Pro Portion: 175 kcal,
11 g EW, 11 g F, 9 g KH

1 Den Rotkohl waschen, putzen und den Strunk entfernen. Kohl mit der Mandoline oder einem großen Messer in hauchdünne Streifen hobeln bzw. schneiden. In eine Schüssel geben.

2 Die Roten Beten schälen und mit der Mandoline oder dem Messer in hauchdünne Scheiben hobeln bzw. schneiden. Dabei möglichst Einweghandschuhe tragen, da die Beten stark färben. Zum Rotkohl geben.

3 Aus dem Granatapfelsaft, dem Honig und dem Öl ein cremiges, relativ flüssiges Dressing rühren, pikant mit Pfeffer und zurückhaltend mit Salz abschmecken. Das Dressing gründlich unter den Salat mischen.

4 **Anrichten:** Den Salat in der Mitte von vier Tellern als kleine Häufchen anrichten. Die Schinkenscheiben längs locker zusammenklappen oder -rollen und als Rand um die Salathäufchen legen.

TIPP

Frische Granatäpfel lassen sich ganz einfach öffnen. Granatapfel über einer Schüssel ringsherum einschneiden und auseinanderbrechen. Die Kerne dann mit einem Löffel mit scharfer Spitze (z. B. Grapefruitlöffel) herauslösen. Der austretende Saft wird in der Schüssel aufgefangen. Wichtig: Am besten dabei Einweghandschuhe tragen, denn Saft und Kerne färben. Und achten Sie darauf, dass keine weiße Haut unter den Salat gemischt wird, denn sie schmeckt bitter.

1 RADIESCHEN-PICKLES

1 kleines Bund Radieschen
2 EL Apfelessig
2 EL Reisessig
1 TL Agavendicksaft
1 EL Salz

Für 4–6 Personen
Zubereitung: 10 Min. | Marinieren: 3 Std.
Pro Portion (bei 6): 8 kcal, 0 g EW, 0 g F, 1 g KH

Radieschen putzen, waschen und mit einem Messer oder der Mandoline in hauchdünne Scheiben schneiden.

Die restlichen Zutaten verrühren und mit den Radieschen mischen. Die Pickles in Schraubgläser geben, gut verschließen und mindestens 3 Std. im Kühlschrank durchziehen lassen.

Passen gut in Salate, schmecken sehr fein in Wraps (Seite 134/135), auf Sandwiches und zu Fisch aus der Pfanne.

Tipp: Wählen Sie knackige Radieschen **aus – leicht zu erkennen am saftigen, hellen Radieschengrün. Eingelegt verfärbt sich ihre rote Schale zu einem appetitlichen Hellrosa, und die Radieschenscheiben behalten bei entsprechender Kühlung mehrere Tage ihren Biss.**

2 ZUCCHINIPICKLES

2 Zucchini (möglichst knackig und fest)
3 EL Apfelessig
4 EL Reisessig
2 EL Mirin (japanischer Reisweinessig)
1 TL Kurkumapulver
2 EL gelbe Senfsaat
1 TL Salz

Für 4–6 Personen
Zubereitung: 10 Min. | Marinieren: 12 Std.
Pro Portion (bei 6): 13 kcal, 1 g EW, 0 g F, 1 g KH

Die Zucchini waschen, putzen und mit einem Messer oder der Mandoline in hauchdünne Scheiben schneiden.

Die restlichen Zutaten verrühren und mit den Zucchini mischen. Pickles in Schraubgläser geben, gut verschließen und mindestens 12 Std. im Kühlschrank durchziehen lassen.

Passen zu Steaktartar (Seite 120) und schmecken superlecker zu knusprig gebratenen Hamburgern.

Tipp: Kurkuma **verleiht diesen Pickles eine intensiv-gelbe Farbe, was sie auf dem Teller in Kombination mit den pinkfarbenen Radieschenpickles besonders fröhlich und appetitlich aussehen lässt. Zucchinipickles sind auch noch nach mehreren Tagen im Kühlschrank herrlich knackig.**

3 BLUMENKOHLPICKLES

1 kleiner Blumenkohl (etwa 600 g)
2 Knoblauchzehen
100 ml Quitten- oder Apfelessig
2 Lorbeerblätter
1 EL Salz
1 EL Agavendicksaft
1 TL Currypulver

Für 4–6 Personen
Zubereitung: 15 Min. | Marinieren: 3 Std.
Pro Portion (bei 6): 23 kcal, 1 g EW, 0 g F, 3 g KH

Den Kohl vom Strunk und den Blättern befreien. Den Kohl in ganz kleine Röschen teilen, waschen und gut abtropfen lassen. Den Knoblauch schälen und durch die Presse drücken.

Knoblauch mit den restlichen Zutaten verrühren, mit dem Blumenkohl mischen. Pickles in Schraubgläser geben, bei Bedarf noch Wasser angießen, gut verschließen. Pickles mindestens 3 Std. im Kühlschrank durchziehen lassen.

Passen wegen der leichten, appetitanregenden Schärfe als Beilage prima zu Fisch, beispielsweise zu Matjes (Seite 144/45), oder auch zu Käse oder Schinken.

4 INGWERPICKLES

1 Knolle Ingwer (etwa 250 g)
¼ l Reisessig
1 EL Salz
1 EL Agavendicksaft

Für 4–6 Personen
Zubereitung: 10 Min. | Marinieren: 5 Tage
Pro Portion (bei 6): 39 kcal,
1 g EW, 0 g F, 7 g KH

Die Ingwerknolle schälen und mit einem Messer oder der Mandoline in hauchdünne Scheiben schneiden.

Restliche Zutaten verrühren und mit dem Ingwer mischen. Pickles in Schraubgläser geben, gut verschließen und mindestens 5 Tage im Kühlschrank durchziehen lassen.

Passen sehr gut zu Spinat, zu Sashimi (Seite 108) und zu Sushi.

Tipp: Gari **heißt der eingelegte Ingwer, den es als Gaumenerfrischung zu Sushi gibt. Diese Pickles schmecken ähnlich. Wichtig ist, dass der Ingwer knackig und ganz frisch ist.**

MÖHREN MIT ORANGEN
UND HARISSA

Dieser Möhrensalat hat nordafrikanische Wurzeln. Die Paste Harissa wird im ganzen Maghreb zum Würzen verwendet. Je nach Hersteller kann sie sehr scharf sein, deshalb ist hier nur eine kleine Menge angegeben, die Sie selbstverständlich nach Wunsch variieren können.

3 (Blut-)Orangen
2 große Möhren (am besten eine alte Sorte auswählen, z. B. Sandmöhren)
1 großes Bund Rucola
3 EL kalt gepresstes Olivenöl
¼–½ TL Harissa (nach Belieben auch mehr)
Salz
3 EL Pinienkerne

Für 4 Personen
Zubereitung: 15 Min.
Pro Portion: 210 kcal,
4 g EW, 15 g F, 14 g KH

1 Über einer Schüssel mit einem kleinen scharfen Messer die Schalen der Orangen großzügig abschneiden. Die verbleibende weiße Haut sorgfältig abtrennen. Zum Filetieren nach und nach jedes Fruchtsegment direkt an den beiden Trennhäuten einschneiden, das Fruchtfilet auslösen. Den dabei austretenden Saft in der Schüssel auffangen. Übrige Häute gut ausdrücken.

2 Möhren schälen, in ganz feine Scheiben schneiden und mit den Orangenfilets in eine Schüssel geben, mischen. Rucola waschen, trocken schütteln und nach Belieben in mundgerechte Stücke zupfen.

3 Etwa 2 EL Orangensaft mit dem Olivenöl, dem Harissa und etwas Salz in einen hohen Rührbecher geben und mit dem Pürierstab durchmixen. Das Dressing unter den Möhren-Orangen-Salat rühren.

4 **Anrichten:** Rucolablätter auf vier große Teller verteilen. Den Möhren-Orangen-Salat darauf anrichten und mit Pinienkernen bestreuen.

COLESLAW MIT RADIESCHEN

Ein Klassiker der englischen Küche, der sehr gut mit den herzhaften Käsesorten Großbritanniens harmoniert. In feinste Streifen geschnitten und würzig abgeschmeckt, passt Kohl als Rohkost auch perfekt zu anderen Leckereien – vom luftgetrockneten Schinken bis zum Hüttenkäse. Diese Variante mit Radieschen habe ich in einem Land-Pub zum ersten Mal gegessen, war begeistert und habe sie gleich ausprobiert.

¼ Weißkohl (etwa 300 g)
¼ Rotkohl (etwa 300 g)
2 Möhren
3 EL Apfelessig
1 EL Salz
1 EL flüssiger Honig
1 kleines Bund Radieschen
60 g Mayonnaise (fertig gekauft oder selbst gemacht, Seite 28)
schwarzer Pfeffer

Für 4 Personen
Zubereitung: 15 Min.
Marinieren: 1 Std.
Pro Portion: 170 kcal,
3 g EW, 12 g F, 12 g KH

1 Die Weiß- und Rotkohlviertel waschen, putzen, vom Strunk befreien und auf der Küchenreibe oder Mandoline so fein wie möglich raspeln. Möhren schälen und mit dem Sparschäler der Länge nach hauchdünne Scheiben abziehen. Die Möhrenscheiben mit dem Messer in feine Streifen schneiden.

2 Den Apfelessig mit dem Salz und dem Honig in einer Schüssel verrühren. Den geraspelten Kohl und die Möhrenstreifen dazugeben, vermengen. Salat abdecken und 1 Std. marinieren lassen.

3 Dann den Coleslaw gut durchrühren, bei Bedarf in einem Sieb kurz abtropfen lassen und wieder in die Schüssel geben. Die Radieschen putzen, waschen und in hauchfeine Scheiben schneiden. Mit der Mayonnaise ebenfalls in die Schüssel geben. Alles vermischen und den Salat eventuell nachsalzen und mit Pfeffer würzen.

4 **Anrichten:** Den Coleslaw in vier Schälchen verteilen oder auf kleinen flachen Tellern anrichten.

TIPP

Hier werden Weiß- und Rotkohl für den Coleslaw verwendet, das verleiht dem Salat zusammen mit den Möhren und Radieschen eine erfrischend-bunte Optik. Natürlich können Sie aber auch nur eine Kohlsorte verwenden.

SUPPEN & SMOOTHIES

Was gibt es im Hochsommer Besseres als gut gekühlte Süppchen oder Getränke! Hier finden Sie alles, was unglaublich erfrischt: klassische Gazpacho aus Andalusien, mexikanische Agua fresca oder eine Kaltschale mit Gurken. Rohe Suppen liefern jede Menge Vitamine und Mineralstoffe und haben wenig Kalorien. Kein Wunder, wenn Gemüse, zahlreiche Kräuter und Aromaten wie Zitronengras den Ton angeben, Äpfel, Erdbeeren, Melone, Trauben und anderes Obst eine verlockend-fruchtige Süße beisteuern. Und wer das Ganze nicht aus dem Teller löffeln möchte, füllt es einfach frisch gemixt als Smoothie ins Trinkglas.

MIT GIERSCH ALS HIGHLIGHT
GEMÜSESUPPE

Der leidenschaftliche Österreicher Daniel Schmidthaler fühlt sich der schönen Natur seiner neuen Heimat Mecklenburg-Vorpommern sehr verbunden. Die Produkte für seine frische und kreative Küche findet er meist vor der Haustür.

Daniel Schmidthaler kommt aus Oberösterreich, doch nun kocht er auf Michelin-Niveau mitten in Mecklenburg. In der Feldberger Seenlandschaft (tatsächlich ein kleiner Ort) liegt sein Landhotel und Restaurant mit dem stimmungsvollen Namen »Alte Schule«.
»Als meiner Frau und mir dieses mit Hingabe restaurierte Schulhaus angeboten wurde, griffen wir sofort zu. Wir wollten dort anspruchsvolle regionale Landküche servieren. Und das ist sehr gut angenommen worden.« Gelernt hat Daniel Schmidthaler bei seiner Großmutter, danach folgte eine klassische Lehre und später wurde Bobby Bräuer, einer der bekanntesten deutschen Köche, eine Art Ziehvater für ihn.

Seine Gourmetküche (außer einem Michelin-Stern hat Schmidthaler auch noch 16 von 20 möglichen Punkten im Gault Millau) regional auszurichten, war eine Lernarbeit. Denn oft hapert es noch an qualitätvollen Produkten für solch eine Art der Zubereitung.
»Mecklenburg-Vorpommern ist ein Flächenland«, erklärt Schmidthaler, »und die guten Produzenten befinden sich eher an der Küste ...«
»Deshalb versuchen wir, so viel wie möglich aus der Natur zu holen. Für mich ist Giersch dabei ein Favorit. Ihn als Unkraut zu bezeichnen, ist ganz falsch. Die jungen Triebe sind zart und haben ein tolles nussiges Aroma. Immer wieder höre ich dann von Gästen: Und so etwas schmeißen wir zu Hause weg.«

Tatsächlich ist gerade bei Suppen die eigene Kreativität gefragt. Kreativ sein heißt dabei auch, nicht zu viele Zutaten zu verwenden. Vor allem bei einer rohen Suppe kann es schnell zu einem aromatischen Durcheinander kommen. Daniel Schmidthaler hat sich bei seiner Rote-Bete-Suppe auf drei Zutaten beschränkt: Rote Bete, Apfel und Giersch. Das Topping ist herrlich cremig – auch etwas, was einer Suppe guttut. Er hat dafür selbst gemachten Ziegenmilchkefir verwendet (die Kultur dafür gibt es im Internet zu kaufen). Aber auch unterschiedliche, eingeweichte und dann pürierte Nüsse ergeben solch einen cremigen Touch, ebenso wie eine pürierte Avocado oder aufgeschlagenes kalt gepresstes Öl.

Seine Rote-Bete-Suppe mit aromatischem Giersch hat Daniel Schmidthaler das erste Mal im schönen und langen Sommer 2013 auf der Karte gehabt. Dazu gehören ganz frisch gepresster Saft von Roten Beten und Äpfeln (im Verhältnis 1:4), Rapsöl, Chioggia-Bete (sie ist im Inneren dekorativ weiß-rot geringelt), ein bisschen grüner Apfel fürs Auge und ein Topping aus Apfelessig, Walnussöl und dem Ziegenkefir. Dazu kommt so viel junger Giersch, wie man mag (er nimmt für vier Portionen zwei Handvoll).

Daniel Schmidthalers Suppentipps:

• Auf die Optik kommt es an. Verwenden Sie dekoratives Gemüse wie alte Möhrensorten, gelbe und grüne Zucchini, Chioggia-Bete. Und setzen Sie eine schöne Farbpalette auf dem Teller – zwischen Beige, Grün und Rot beispielsweise, wie bei meinem Gericht.

• Ein Pürierstab ist hier eine feine Sache. Mit ihm lassen sich Aromaten wie Bete- und Apfelsaft zusammen mit dem Rapsöl sehr cremig und sämig aufmixen.

• Für den selbst gemachten Kefir habe ich den Pilz in ein Schraubglas gegeben, mit ¼ l Ziegenmilch aufgegossen und dann bei Zimmertemperatur stehen gelassen. Nach etwa 12 Stunden schmeckt er noch herrlich mild, nach 24 Stunden dann schon würziger.

• Den Giersch habe ich zu einem Pesto verarbeitet, mit Walnussöl und Sonnenblumenkernen. Das schmeckt auch sehr gut zu Salat und aufs Brot, probieren Sie es mal aus!

Alte Schule Fürstenhagen
Zur alten Schule 5
(Ortsteil Fürstenhagen)
17258 Feldberger Seenlandschaft

Betreiber und Chefkoch:
Daniel Schmidthaler

www.hotelalteschule.de

KLASSISCHE GAZPACHO

Im Hochsommer kann man frische weiße Zwiebeln kaufen, die nicht so scharf schmecken und saftiger sind als die herkömmlichen Zwiebeln. Auch frischer Knoblauch ist dann sehr mild. Wenn Sie ihn bekommen, können Sie auch zwei Zehen verarbeiten, er wird nicht vorschmecken.

800 g Tomaten
1 kleine weiße Zwiebel
1–2 kleine Knoblauchzehen
1 kleine rote Chilischote
1 Salatgurke
1 grüne Paprikaschote
1 rote Paprikaschote
Salz
1 Msp. gemahlener Kreuzkümmel
60 ml kalt gepresstes Olivenöl
1 EL Weißwein- oder Apfelessig
6 kleine Pimientos de Padrón (Bratpeperoni)
1 Avocado
1 Msp. Fleur de Sel

Für 4 Personen
Zubereitung: 15 Min.
Kühlen: 2 Std.
Pro Portion: 340 kcal,
6 g EW, 29 g F, 12 g KH

1 Die Tomaten waschen, halbieren, von den Stielansätzen befreien und in einem Standmixer pürieren. Das Püree durch ein Sieb streichen, um die Kerne zu entfernen, dann zurück in den Mixer füllen.

2 Zwiebel und Knoblauch schälen, fein hacken. Chili putzen und waschen. Die Gurke schälen, längs halbieren, entkernen und zwei Drittel der Gurke grob hacken. Paprikaschoten putzen und waschen, die grüne Schote grob hacken. Zwiebel, Knoblauch, Chili, gehackte Gurke und grüne Paprikaschote mit Salz, Kreuzkümmel, Olivenöl und Essig in den Mixer geben und alles glatt pürieren. Die Suppe 2 Std. im Kühlschrank durchziehen lassen.

3 Dann rote Paprikaschote in Rauten schneiden, restliche Gurke in feine Scheiben. Die Pimientos putzen, waschen und in feine Ringe schneiden. Die Avocado längs halbieren, entkernen, schälen, klein würfeln und mit dem Fleur de Sel würzen. Gazpacho gut durchrühren und abschmecken.

4 **Anrichten:** Gazpacho auf vier Teller verteilen. Pimientosringe, Avocadowürfel, Paprikarauten und Gurkenscheiben dazu reichen, sodass sich jeder davon auf die Suppe streuen kann.

TIPP

Avocados machen leichte Sommersüppchen etwas gehaltvoller. Wenn Sie jedoch nur auf Erfrischendes setzen wollen, schmeckt auch Staudensellerie sehr gut dazu. Die Stangen waschen, putzen und in Stückchen schneiden. Alternativ Basilikumblättchen in feine Streifen schneiden und mit über die Gazpacho streuen – das sieht nicht nur appetitlich aus, sondern duftet auch unvergleichlich sommerlich.

1

2

3

4

GAZPACHO MIT ERDBEEREN

400 g Tomaten
300 g Erdbeeren
1 kleine frische Knoblauchzehe
5 Stängel glatte Petersilie
Salz | schwarzer Pfeffer
1–2 EL kalt gepresstes Olivenöl

Für 4 Personen
Zubereitung: 20 Min.
Kühlen: 4 Std.
Pro Portion: 85 kcal,
2 g EW, 5 g F, 6 g KH

1 Die Tomaten waschen, vierteln und von den Stielansätzen befreien. Die Tomatenkerne mit einem Löffel herauskratzen oder mit den Fingern herausdrücken. Die Tomaten in einen Standmixer geben.

2 Die Erdbeeren waschen, putzen und 4 dekorative Beeren beiseitelegen, den Rest unter die Tomaten rühren. Knoblauchzehe schälen und fein hacken. Die Petersilie abbrausen und trocken schütteln, die Blättchen abzupfen und grob hacken. Mit dem Knoblauch ebenfalls zu den Tomaten geben.

3 Die Tomatenmischung glatt pürieren, wenig salzen und pfeffern. Die Suppe 4 Std. im Kühlschrank durchziehen lassen. Dann gut durchrühren und abschmecken.

4 **Anrichten:** Die Gazpacho auf vier tiefe Teller oder in Schalen verteilen, das Olivenöl darüberträufeln. Die Erdbeeren halbieren und die Suppe damit garnieren.

INFO

Die Kombination von Obst und Gemüse erscheint auf den ersten Blick überraschend. Aber botanisch gesehen ist nicht nur die Erdbeere eine Obstsorte, auch die Tomate ist es.

GAZPACHO MIT MELONE

1 Die Tomaten waschen, vierteln und von den Stielansätzen befreien. Tomatenkerne mit einem Löffel herauskratzen oder mit den Fingern herausdrücken. Die Tomaten in einen Standmixer geben.

2 Die Melone vierteln und die Kerne mit einem Löffel abschaben. Die Melonenviertel von der Schale befreien, drei Viertel grob hacken und zu den Tomaten geben. Das übrige Melonenviertel in dünne Spalten schneiden.

3 Die Basilikumblättchen, das Olivenöl und die Eiswürfel ebenfalls zu den Tomaten geben. Die Tomaten-Melonen-Mischung cremig pürieren und mit dem Fleur de Sel und nach Belieben Zitronensaft abschmecken.

4 **Anrichten:** Vier Suppenschalen oder Gläser einige Minuten in das Tiefkühlfach stellen und anfrosten. Dann die Gazpacho einfüllen und mit den Melonenspalten garnieren.

300 g Tomaten
1 kleine Melone (z. B. Galia oder Cantaloup)
10 Basilikumblättchen
2 EL kalt gepresstes Olivenöl
8 Eiswürfel
Fleur de Sel
einige Spritzer Zitronensaft (nach Belieben)

Für 4 Personen
Zubereitung: 15 Min.
Pro Portion: 85 kcal,
1 g EW, 5 g F, 9 g KH

TIPP

Diese herrlich erfrischende Gazpacho ist mit Melone gemacht, die eine schöne Süße gibt. Bei der Zubereitung werden gleich ein paar Eiswürfel mitpüriert – die Suppe wird also direkt gekühlt und kann sofort serviert werden. Für diese Zubereitungsart eignet sich der Standmixer am besten. Alternativ können Sie die Gazpacho ohne die Eiswürfel mit einem Pürierstab cremig zerkleinern und dann in den Schalen oder Gläsern auf Crushed Ice (gibt's in gut sortierten Supermärkten zu kaufen) servieren – das kühlt sie auch schnell herunter.

TOMATENSUPPE MIT SPITZPAPRIKA UND ROHMILCHKÄSE

Diese Tomatensuppe hat eine interessante Schärfe, und das ganz ohne Chilischote. Die Spitzpaprikaschoten und der Ingwer schärfen eher fruchtig, die Würze des Meerrettichs ist weniger auf der Zungenspitze, sondern mehr in der Nase zu spüren. Damit Sie die Suppe ohne Kühlgang gleich genießen können, wird alles im Standmixer püriert – samt ein paar Eiswürfeln.

3 große Tomaten
2 rote Spitzpaprikaschoten
1 Stück Meerrettich (etwa 1 cm)
1 Stück Ingwer (etwa 1 cm)
1 EL Sojasauce (nach Belieben)
8 Eiswürfel
Salz
80 g schnittfester Rohmilchkäse (z. B. Appenzeller)

Für 4 Personen
Zubereitung: 15 Min.
Pro Portion: 100 kcal, 6 g EW, 7 g F, 3 g KH

1 Die Tomaten waschen, halbieren, von den Stielansätzen befreien und in einen Standmixer geben. Die Paprikaschoten putzen, waschen und ebenfalls in den Mixer geben. Den Meerrettich und Ingwer schälen, ganz fein reiben und eventuell mit der Sojasauce unter Tomaten und Paprika rühren.

2 Eiswürfel in den Mixer geben und alles fein pürieren. Das Püree durch ein feines Sieb streichen, die Reste im Sieb dabei mit einem Löffel sorgfältig ausdrücken. Die passierte Tomatensuppe mit Salz abschmecken. Den Rohmilchkäse fein reiben.

3 **Anrichten:** Vier Suppenschalen einige Minuten ins Tiefkühlfach stellen und anfrosten. Dann die Tomatensuppe auf die Schalen verteilen und den Käse als Häufchen hineinsetzen.

TIPP

Geschälter Meerrettich und Ingwer lassen sich prima einfrieren und dann portionsweise einfach direkt aus dem Tiefkühlfach über ein Gericht reiben.

AJO BLANCO MIT SHERRY

200 g gehäutete Mandeln
2–4 frische Knoblauchzehen
200 ml kalt gepresstes Olivenöl
1 EL Sherryessig | Salz
200 g Weintrauben
Eiswürfel (Menge nach Belieben)

Für 4 Personen
Zubereitung: 10 Min.
Kühlen: 3 Std.
Pro Portion: 775 kcal,
11 g EW, 77 g F, 9 g KH

1 Die Mandeln grob hacken, den Knoblauch schälen und ebenfalls grob hacken. Beides zusammen mit dem Olivenöl in einen Standmixer geben und möglichst fein pürieren.

2 Sherryessig und wenig Salz in den Mixer geben, 100 ml eiskaltes Wasser unterrühren. Alles glatt pürieren, die Suppe etwa 3 Std. gut durchkühlen.

3 Die Weintrauben waschen, halbieren und von den Kernen befreien.

4 **Anrichten:** Vier Suppenschalen einige Minuten ins Tiefkühlfach stellen und anfrosten, dann die Suppe einfüllen. Mit den Weintrauben garnieren. Die Schalen in mit Eiswürfel befüllte tiefe Teller stellen.

TIPPS

Diese kalte, recht üppige Suppe stammt aus Andalusien, einer Region, die für ihre Mandeln berühmt ist. Die Suppe ist mit Sherryessig aromatisiert, der streng genommen nicht roh ist. Für die pikante Säure können Sie aber auch einige Spritzer Zitronensaft verwenden.

Optisch besonders ansprechend sind roséfarbene Weintrauben. Wenn Sie nur grüne bekommen sollten – damit sieht die Ajo blanco auch recht hübsch aus.

Wichtig: Verwenden Sie für dieses Rezept nur frischen Knoblauch, sonst wird die Knoblauchnote zu streng.

GEFÜLLTE TOMATEN

1 Die Tomaten waschen und oben einen kleinen Deckel abschneiden. Die Kerne samt dem Fruchtfleisch mit einem Löffel oder einem Kugelausstecher entfernen. Das Innere der ausgehöhlten Tomaten mit Salz einreiben, die Tomaten mit den Öffnungen nach unten auf ein Brett legen und 2 Std. austropfen lassen.

2 Die Kirschtomaten waschen, halbieren und mit einem Löffel oder mit den Fingern die Tomatenkerne entfernen. Tomaten ganz fein hacken und in einem Mörser mit dem Vanillesalz zerdrücken. Die Füllung im Kühlschrank 2 Std. durchziehen lassen.

3 Dann 4 Basilikumblättchen in feine Streifen schneiden, die restlichen Blättchen ganz lassen. Die Tomatenfüllung durchmischen und eventuell nachsalzen, die Basilikumstreifen unterrühren.

4 **Anrichten:** Die Füllung in die ausgehöhlten Tomaten verteilen und mit den restlichen Basilikumbättchen garnieren, Tomatendeckel auflegen.

4 festfleischige Tomaten
½ TL Salz
4 Kirschtomaten
1 TL Vanillesalz (aus dem gut sortierten Supermarkt oder Feinkostladen oder selbst gemacht, siehe rechts)
8 Basilikumblättchen

Für 4 Personen
Zubereitung: 15 Min.
Ruhen + Marinieren: 2 Std.
Pro Portion: 15 kcal,
1 g EW, 0 g F, 2 g KH

SELBST GEMACHT: VANILLESALZ

Dafür 1 Vanilleschote längs halbieren, Mark herauskratzen, die Schote in größere Stücke teilen. Beides unter 250 g feines Salz rühren, in ein verschließbares Gefäß abfüllen. Das Salz vor der Verwendung mindestens 2–3 Tage ziehen lassen. Das Aroma intensiviert sich mit der Zeit, deshalb nur als Würzsalz verwenden.

TIPP

Das leicht süßliche Vanillesalz harmoniert sehr gut mit Tomaten. Wenn Ihnen das aber ein bisschen zu exotisch ist, dann passt alternativ auch Rosmarinsalz. Ebenfalls fein dazu: Vanillesalz durch 6 Safranfäden ersetzen. Die Füllung muss dann möglicherweise noch leicht gesalzen werden.

GURKEN-FENCHEL-SÜPPCHEN
MIT DILL UND ÄPFELN

1 große Knolle Fenchel
½ Salatgurke | 4 Stängel Dill
Salz | schwarzer Pfeffer
2 Stangen Staudensellerie
2 säuerliche grüne Äpfel
einige Spritzer Zitronensaft

Für 4 Personen
Zubereitung: 10 Min.
Kühlen: 3 Std.
Pro Portion: 60 kcal,
2 g EW, 1 g F, 11 g KH

1 Die Fenchelknolle waschen, putzen und vom Strunk befreien. Schönes Fenchelgrün für die Garnitur beiseitelegen. Den Fenchel grob hacken. Die Salatgurke schälen, längs halbieren und die Kerne mit einem Löffel herausschaben. Die Gurke ebenfalls grob hacken. Den Dill abbrausen, trocken schütteln und die Spitzen von den Stängeln zupfen.

2 Fenchel, Gurke, Dill, Salz und Pfeffer in einem Standmixer fein pürieren, bei Bedarf noch etwas Wasser zugeben. Die Suppe 3 Std. durchkühlen lassen.

3 Dann Selleriestangen waschen und putzen, wenn sich dabei Fäden lösen, einfach mit abziehen. Sellerie fein schneiden. Äpfel waschen, vierteln, entkernen und auch fein schneiden. Beides mischen, mit Zitronensaft beträufeln.

4 **Anrichten:** Das Süppchen in Schalen füllen, die Sellerie- und Apfelstückchen daraufstreuen. Mit dem Fenchelgrün garnieren.

TIPP

Auf Wochenmärkten und im Bioladen werden im Frühsommer Gärtnergurken angeboten. Die Gurken sind klein, knackig, kompakt – und sie verlieren weniger Wasser als die herkömmlichen Salatgurken. Damit wird die erfrischende Suppe noch aromatischer, also unbedingt zugreifen!

GURKEN-AVOCADO-SÜPPCHEN

1 vollreife Avocado
einige Spritzer Zitronensaft
1 Salatgurke
2 Frühlingszwiebeln
1 Handvoll Wildkräuterblättchen (z. B. Giersch, Brennnessel, Löwenzahn, Vogelmiere)
12 Eiswürfel
Salz | schwarzer Pfeffer
2 EL kalt gepresstes Oliven- oder Rapsöl

Für 4 Personen
Zubereitung: 15 Min.
Pro Portion: 185 kcal, 2 g EW, 19 g F, 3 g KH

1 Die Avocado halbieren, entkernen, schälen und in einen Standmixer geben. Mit Zitronensaft beträufeln. Die Salatgurke schälen, längs halbieren, die Kerne mit einem Löffel herausschaben. Gurke grob hacken und zur Avocado geben.

2 Die Frühlingszwiebeln waschen, putzen und das dunkle Grün entfernen. Die Zwiebeln grob hacken. Die Kräuter abbrausen und trocken tupfen, ein paar Blättchen für die Garnitur beiseitelegen. Rest hacken und mit den Frühlingszwiebeln unter Avocado und Gurke rühren.

3 Alle Zutaten im Mixer vorsichtig pürieren. Dann die Eiswürfel dazugeben und die Suppe glatt pürieren. Mit Salz und Pfeffer abschmecken.

4 **Anrichten:** Das Süppchen in vier weite Tassen oder Schälchen füllen, das Öl darüberträufeln. Die beiseitegelegten Kräuterblättchen darüberstreuen.

TIPP

Auf den Wochenmärkten können Sie eine reichhaltige Auswahl an Wildkräutern bekommen. Aber fragen Sie den Händler auch einmal nach Blättern des Wasabi-Meerrettichs. Diese geben dem Süppchen eine feinfruchtige Schärfe. Gut harmoniert ebenfalls das klassische deutsche Küchenkraut Borretsch, dessen kobaltblauen Blüten zudem eine schöne Suppen-Dekoration sind. Hübsch sehen aber genauso andere essbare Blüten aus, wie etwa Gänseblümchen oder Kresseblüten. Und sollte das Kräuter- und Blütenangebot zu gering ausfallen, vielleicht kann Ihnen der Händler auf Wunsch etwas besorgen?

BORSCHTSCH MIT CASHEWCREME

Schmeckt erfrischend und ist gesund: Borschtsch, der Klassiker aus der osteuropäischen Küche. Hier, in meiner rohen Variante, verwende ich statt Schmand eine Cashewcreme. Die Rote Bete kommt als fertiger Saft und frische Knolle dazu. Ungekocht hat sie ein leicht mineralisches Aroma. Wenn Sie das nicht so gerne mögen, nehmen Sie einfach etwas mehr Möhrensaft, dessen Fruchtsüße das gut ausbalanciert.

100 g Cashewnüsse
½ kleine Zwiebel
2 kleine Rote Beten (etwa 150 g)
½ kleine Chilischote
200 ml Rote-Bete-Saft
100 ml Möhrensaft
2 Orangen
Salz | schwarzer Pfeffer
½ Zitrone
1 Avocado
1 kleines Bund glatte Petersilie

Für 4 Personen
Zubereitung: 25 Min.
Einweichen + Kühlen: 2 Std.
Pro Portion: 325 kcal,
7 g EW, 24 g F, 20 g KH

1 Die Cashewnüsse in einer kleinen Schüssel mit kaltem Wasser bedecken und etwa 2 Std. einweichen.

2 Die Zwiebel und 1 Rote Bete schälen und grob hacken. (Dabei möglichst Einweghandschuhe tragen, da die Bete stark färbt.) Die Chilischote waschen, putzen und fein hacken. Mit Rote-Bete- und Möhrensaft in einen Standmixer geben. Den Saft der Orangen auspressen, dazugießen. Alles fein pürieren, mit Salz und Pfeffer abschmecken. Den Borschtsch in eine Schüssel umfüllen, abdecken und etwa 2 Std. in den Kühlschrank stellen.

3 Dann Nüsse in ein Sieb abgießen und abtropfen lassen, dabei das Einweichwasser auffangen. Die Nüsse und 1–2 EL Einweichwasser in den Standmixer geben und cremig pürieren. Zitrone auspressen und wenig Saft zur Creme geben, mit Salz und Pfeffer würzen.

4 Die übrige Rote Bete schälen und mit einem Sparschäler hauchdünne Streifen abziehen. Die Avocado halbieren, entkernen, schälen und in feine Spalten schneiden. Mit dem restlichen Zitronensaft beträufeln. Die Petersilie abbrausen und trocken schütteln, Blättchen abzupfen und grob schneiden.

5 **Anrichten:** Borschtsch auf vier Suppenteller verteilen. Mit Cashewcreme, Avocadospalten und Rote-Bete-Streifen garnieren. Petersilie darüberstreuen.

TIPP

Wenn Nüsse eingeweicht werden, verändern sich Geschmack und Konsistenz. Walnüsse verlieren dabei beispielsweise ihr an Tannine erinnerndes Aroma. Cashewnüsse, die man lange wässert, lassen sich besonders cremig zerkleinern. Bei diesem Rezept darf die Creme aber ruhig etwas nussiger schmecken, darum werden die Cashews nur 2 Std. eingeweicht. Wer mag, kann sie aber gerne noch länger ziehen lassen.

ERDBEERSÜPPCHEN MIT ROSA PFEFFER

200 g Erdbeeren
1 Orange
1 TL rosa Pfeffer
10 Minzeblättchen
1 kleine Prise Fleur de Sel

Für 4 Personen
Zubereitung: 10 Min.
Kühlen: 3 Std.
Pro Portion: 25 kcal,
1 g EW, 0 g F, 4 g KH

1 Erdbeeren waschen, putzen, grob hacken und in einen hohen Rührbecher geben. Den Saft der Orange auspressen und dazugießen. Mit dem Pürierstab fein pürieren. Oder beides in den Standmixer füllen und pürieren.

2 Den rosa Pfeffer in einem Mörser oder mit einer breiten großen Messerklinge fein zerdrücken. Die Minzeblättchen abbrausen und trocken tupfen, 6 Blättchen hacken und mit dem Pfeffer unter das Erdbeerpüree rühren. Das Süppchen abgedeckt 3 Std. in den Kühlschrank stellen. Vor dem Servieren mit Fleur de Sel abschmecken.

3 **Anrichten:** Das Erdbeersüppchen in vier Gläser oder Schälchen füllen und mit den restlichen Minzeblättern garnieren.

TIPPS

Diese erfrischende Kaltschale – ein feiner kleiner Appetithappen – können Sie mit wenig Agavendicksaft auch etwas süßer variieren.

Das Süppchen erhält durch den rosa Pfeffer nur wenig Schärfe. Rosa Pfeffer, der botanisch gesehen nichts mit Pfefferkörnern zu tun hat, sondern die Beeren des Brasilianischen Pfefferbaums sind, passt aufgrund des leicht fruchtigen Aromas und der nur zarten Schärfe auch zu Süßspeisen.

AGUA FRESCA MIT MELONE

¼ Wassermelone
2 Pink Grapefruit
1 EL feiner Roh-Rohrzucker

Für 4 Personen
Zubereitung: 10 Min.
Pro Portion: 70 kcal,
1 g EW, 0 g F, 15 g KH

1 Die Melone von den Kernen und der Schale befreien, grob hacken und in einen Standmixer oder Entsafter geben. Den Saft der Grapefruits auspressen und dazugießen, Zucker unterrühren. Die Melonenmischung fein pürieren oder entsaften.

2 **Anrichten:** Vier schmale, hohe Gläser einige Minuten ins Tiefkühlfach stellen und anfrosten. Die Agua fresca in die Gläser füllen und servieren. Nach Belieben die Melonenkerne zum Knabbern (siehe Tipp) dazu reichen.

INFO

Aus der mexikanischen Küche kommen die Agua frescas (übersetzt: frisches Wasser), die sich mit unseren Fruchtsäften vergleichen lassen. Agua frescas werden jedoch immer geeist serviert und oft auch noch mit Nüssen, Cerealien oder sogar Reis versetzt – und sind dann ein nahrhafter Drink für zwischendurch.

TIPP

Die Kerne der Wassermelone sind in vielen Regionen der Welt ein beliebter Snack. Meist werden sie geröstet und gesalzen angeboten, aber sie schmecken auch roh. Wer mag, wirft die Melonenkerne also nicht weg, sondern serviert sie als Knabberei zum Smoothie – frisch oder getrocknet. Für Letzteres die Kerne auf dem Backblech ausbreiten, leicht salzen und im 120 °C heißen Backofen etwa 2 Std. trocknen.

SMOOTHIE MIT SPINAT, STANGENSELLERIE, APFEL UND ZUCCHINI

Frischer Spinat schmeckt im Winter wesentlich intensiver als im Frühjahr oder Sommer – und tatsächlich wird auch zwischen Frühlings-, Sommer-, Herbst- und Winterspinat unterschieden. Wenn Sie das typische grün-grasige Aroma des Blattgemüses mögen, eignen sich für diesen Smoothie Herbst- und Winterspinat besser als die milderen und kleineren Blätter des Frühlings- und Sommerspinats.

200 g Blattspinat
2 Stangen Staudensellerie (mit Grün)
1 Apfel
1 Zucchino
1 Prise Salz

Für 1 Person
Zubereitung: 10 Min.
Pro Portion: 155 kcal, 11 g EW, 2 g F, 23 g KH

1 Den Spinat verlesen, gründlich waschen (am besten im Spülbecken in stehendem Wasser, notfalls mehrmals waschen) und trocken schleudern oder in einem Küchentuch gut auswringen.

2 Die Selleriestangen waschen und putzen, wenn sich dabei Fäden lösen, einfach mit abziehen. Die Selleriestangen grob hacken, Selleriegrün für die Garnitur beiseitelegen. Den Apfel waschen, vierteln, entkernen und ebenfalls grob hacken. Den Zucchino waschen, putzen, hacken.

3 Alle vorbereiteten Zutaten mit Salz in einen Standmixer oder Entsafter geben und fein pürieren oder entsaften.

4 **Anrichten:** Den Smoothie in ein hohes Glas füllen und mit dem Selleriegrün garnieren.

TIPP

Alle Smoothies schmecken am besten frisch püriert, aber nicht immer ist Zeit für die Zubereitung – etwa früh am Morgen, kurz bevor es ins Büro geht. Perfekt also, dass Sie den gesunden Drink in größerer Menge vorbereiten und einfrieren können (portionsweise in kleinen Plastikbeuteln). Dann bei Bedarf einfach rechtzeitig aus dem Tiefkühlfach holen und über Nacht im Kühlschrank auftauen lassen.

EXOTEN-SMOOTHIE MIT PETERSILIE

Zu diesem Smoothie aus wunderbar aromatischen exotischen Früchten, die es mittlerweile in jedem gut sortierten Supermarkt zu kaufen gibt, passt ausgerechnet simple Petersilie! Ihr grasig-frisches Aroma verleiht diesem ansonsten natürlich-süßen Smoothie den perfekten Kick. Besonders schnell kommt man in den Drinkgenuss, wenn küchenfertig geschälte Ananas vom Wochen- oder Supermarkt verwendet wird.

½ Papaya
10 glatte Petersilienblättchen
6 Passionsfrüchte
1 Ananas

Für 4–5 Personen
Zubereitung: 20 Min.
Pro Portion (bei 5): 85 kcal, 1 g EW, 0 g F, 16 g KH

1 Die Kerne der Papaya mit einem Löffel herausschaben. Die Papaya schälen, grob würfeln und in einen Standmixer geben. Petersilie abbrausen, trocken tupfen, grob hacken und in den Mixer geben.

2 Passionsfrüchte halbieren und den Saft wie bei einer Zitrone auspressen. Falls ein paar Kerne in den Saft geraten, diesen noch durch ein feines Sieb gießen. Den Saft der Passionsfrüchte unter die Papaya rühren.

3 Mit einem großen, scharfen Messer (auch sehr gut: ein Brotmesser) die beiden Enden der Ananas abschneiden. Die Ananas auf eine Schnittfläche stellen und die Schale nach und nach von oben nach unten abschneiden. Falls nötig, »braune Augen« herausschneiden oder mit einem Kugelausstecher entfernen. Ananas längs vierteln und den harten Strunk aus der Mitte herausschneiden. Ananas grob hacken und mit dem Saft, der beim Schneiden ausgetreten ist, in den Mixer geben.

4 Alle Zutaten im Mixer fein pürieren. Dabei nach Wunsch noch ein wenig kaltes Wasser dazugießen.

5 **Anrichten:** Vier Gläser einige Minuten in das Tiefkühlfach stellen und anfrosten. Den Smoothie in die Gläser füllen.

SMOOTHIE MIT ORANGE, MÖHRE UND KORIANDERGRÜN

4 große Möhren
4 Saftorangen
2–3 Limetten
1 kleines Bund Koriandergrün

Für 4 Personen
Zubereitung: 15 Min.
Pro Portion: 80 kcal,
2 g EW, 1 g F, 13 g KH

1 Die Möhren schälen, dann mit dem Sparschäler ein paar lange, möglichst dünne Streifen abziehen und für die Garnitur beiseitestellen. Die restlichen Möhren in grobe Würfel schneiden.

2 Den Saft der Zitrusfrüchte auspressen. Den Koriander abbrausen und trocken schütteln, die Blättchen von den Stängeln zupfen. Beides mit den Möhrenwürfeln in einen Standmixer oder einen Entsafter geben und fein pürieren oder entsaften.

3 **Anrichten:** Den Smoothie in vier Gläser füllen (nach Belieben die Gläser vorher noch einige Minuten ins Tiefkühlfach stellen und anfrosten) und mit den Möhrenstreifen garnieren.

TIPPS

Zunehmend werden wieder alte Möhrensorten angeboten, die intensiver schmecken als herkömmliche Möhren. Zudem liefern sie einen besonderen Farbtupfer – sie gibt es von hellgelb bis blaurot. Für Smoothies eignen sich aber natürlich auch die einfachen Möhren.

Wenn Sie kein großer Korianderfan sind, können Sie stattdessen auch Petersilie oder Kerbel nehmen.

SMOOTHIE MIT KOKOSMILCH

1 Über einer Schüssel mit einem kleinen scharfen Messer die Schalen der Orangen großzügig abschneiden. Die verbleibende weiße Haut sorgfältig abtrennen. Zum Filetieren nach und nach jedes Fruchtsegment direkt an den beiden Trennhäuten einschneiden, das Fruchtfilet auslösen. Den dabei austretenden Saft in der Schüssel auffangen. Übrige Häute gut ausdrücken. Die Filets und den Saft in einen Standmixer geben.

2 Die Zitronengrasstangen waschen und an den dicken Ende mit einer großen breiten Messerklinge oder mit dem Nudelholz flach klopfen. Die Stangen mit dem Messer der Länge nach aufschneiden, die äußeren Blattschichten entfernen und das Innere fein hacken. Mit der Kokosmilch zu den Zitrusfrüchten in den Mixer geben und alles fein pürieren.

3 **Anrichten:** Die Eiswürfel auf vier große Gläser verteilen, den Blutorangen-Smoothie dazugießen.

6 Blutorangen
3 Saftorangen
2–3 Stangen Zitronengras
80 ml Kokosmilch
8 Eiswürfel

Für 4 Personen
Zubereitung: 25 Min.
Pro Portion: 140 kcal,
3 g EW, 1 g F, 28 g KH

TIPP

Wenn es nicht ganz streng roh sein muss: Ich serviere diesen Smoothie gerne mal mit einem kleinen Schuss Wodka.

GRÜNKOHL-SMOOTHIE

Vielleicht mussten Amerikaner darauf kommen, dass man dieses Gemüse nicht nur – wie wir in Deutschland – im Winter ausschließlich mit viel Fleisch und Gänseschmalz und einem Gläschen Schnaps dazu essen kann. Der Grünkohl lässt sich nämlich zum einen für Smoothies sehr gut mit weiterem Gemüse oder mit Kräutern kombinieren, zum anderen aber auch mit Obst. Diese Variante mit Banane und Beeren ist ein Einsteiger-Rezept für eine Portion.

4 Blätter Grünkohl
½ Banane
1 kleines Bund glatte Petersilie
4 EL Beeren (frisch oder tiefgekühlt; z. B. Erdbeeren)
1 EL Raps- oder Sonnenblumenöl

Für 1 Person
Zubereitung: 15 Min.
Pro Portion: 205 kcal,
6 g EW, 11 g F, 19 g KH

1 Die Grünkohlblätter gründlich waschen, am besten mehrmals in stehendem Wasser, dann gut trocken schütteln. Die dicken Mittelrippen herausschneiden und wegwerfen, die Blätter grob hacken.

2 Die Banane schälen und grob hacken. Petersilie abbrausen und trocken schütteln, die Blättchen von den Stängeln zupfen und hacken.

3 Alle vorbereiteten Zutaten mit den Beeren und dem Öl in den Standmixer oder einen Entsafter geben und fein pürieren oder entsaften.

4 **Anrichten:** Ein hohes Glas einige Minuten in das Tiefkühlfach stellen und anfrosten. Den Smoothie in das Glas füllen.

TIPPS

Der Grünkohl-Smoothie hat eine leicht dickliche Konsistenz. Wer ihn flüssiger mag, gibt beim Mixen noch etwas Wasser dazu. Auch fein: den Smoothie mit einigen Spritzern Zitronensaft und ein wenig braunem Zucker abschmecken.

Wer möchte, wirft die Petersilienstängel nicht weg, sondern bereitet daraus ein aromatisches Petersilienöl zu. Das Rezept dazu finden Sie auf Seite 157 (bei Salsa verde).

INFO

Grünkohl ist ein sogenanntes Powerfood. Er hat einen sehr hohen Gehalt an Nährstoffen und Vitaminen, beispielsweise Vitamin A und Vitamin C, dazu Vitamin B 6 und reichlich Eisen und Kalzium.

1

2

3

4

VIRGIN MARY MIT SELLERIESTICK

2 EL Selleriesalz (nach Belieben)
½–1 kleine rote Chilischote
4 Stangen Staudensellerie (mit Grün)
2 Bio-Zitronen | 400 ml Tomatensaft
80 ml rohes Tomatenketchup (Seite 125, alternativ herkömmliches Ketchup)
16 Eiswürfel

Für 4 Personen
Zubereitung: 10 Min.
Pro Portion: 65 kcal, 3 g EW, 0 g F, 11 g KH

1 Das Selleriesalz auf einen kleinen Teller streuen. Vier Gläser am Rand mit Wasser anfeuchten und damit in das Salz tauchen. Oder die feuchten Glasränder mit der Hälfte des Selleriesalzes bestreuen.

2 Die Chilischote waschen, putzen und grob hacken. Die Selleriestangen waschen und putzen, wenn sich dabei Fäden lösen, einfach mit abziehen. Die Stangen samt dem Grün längs halbieren und die Hälfte der Stangen für die Garnitur beiseitelegen, die andere Hälfte grob hacken.

3 Zitronen heiß waschen und abtrocknen, von der Schale mit einem Zestenreißer lange Streifen abziehen (oder mit dem Messer hauchdünn abgeschälte Schalenstücke in feine Streifen schneiden). Den Saft der Zitronen auspressen.

4 Übriges Selleriesalz, Chilischote, gehackten Sellerie und Zitronensaft mit Tomatensaft und -ketchup in einen Standmixer geben, pürieren.

5 **Anrichten:** Eiswürfel auf die Gläser verteilen, mit der Virgin Mary aufgießen. Beiseitegelegte Selleriestangen als Sticks zum Umrühren hineinstecken, mit der Zitronenschale garnieren.

TIPPS

Diese nicht-alkoholische (deshalb jungfräuliche) Version einer Bloody Mary schmeckt herzhaft und ist sehr erfrischend. Perfekt für heiße Sommertage!

Das Selleriesalz gibt es auch im Supermarktregal, doch im Bioladen oder im Reformhaus wird dieses klassische Kräutersalz idealerweise ohne Rieselhilfe angeboten.

RADIESCHEN IM SHOTGLAS

1 Acht Shotgläser 30 Min. in das Tiefkühlfach stellen und sehr gut kühlen und anfrosten. (Wer mag, kann statt der kleinen Shotgläser auch vier hohe schmale Gläser nehmen und den Smoothie darin servieren.)

2 Die Erdbeeren waschen und putzen. Den Schnittlauch abbrausen, trocken schütteln und in grobe Röllchen schneiden. Ein paar Röllchen für die Garnitur beiseitelegen. Die Radieschen waschen, putzen und halbieren.

3 Die Erdbeeren, die Radieschen und den Schnittlauch in einen Standmixer geben, fein pürieren. Mit wenig Salz abschmecken.

4 **Anrichten:** Die geeisten Shotgläser mit dem Smoothie füllen und mit dem beiseitegelegten Schnittlauch garnieren.

250 g Erdbeeren
5 Stängel Schnittlauch
8 Radieschen
Salz

Für 8 Personen
Zubereitung: 15 Min.
Tiefkühlen: 30 Min.
Pro Portion: 10 kcal,
0 g EW, 0 g F, 2 g KH

TIPPS

Radieschen mit süßen Erdbeeren zu kombinieren, das klingt erstmal nach einem wagemutigen Experiment. Doch Erdbeeren können gut etwas Würze vertragen, wie die Italiener wissen, die die Beeren gerne mit Balsamicoessig oder grob gemahlenem schwarzen Pfeffer kombinieren.

Wie knackig und frisch Radieschen sind, erkennt man am Radieschengrün. Ist es hellgrün und fest, dann sind auch die Radieschen frisch. Das Grün dient nicht nur Deko-Zwecken (hier einfach zum Schluss mit in die Shotgläser stecken), es hat ein leicht pfeffriges und tatsächlich an Radieschen erinnerndes Aroma, was beispielsweise einem Salat eine besondere Note verleiht.

CARPACCIO CEVICHE & TATAR

Darf es heute mal etwas Besonderes aus der kalten Küche sein? Hauchfeine Rinderfiletscheiben hübsch auf dem Teller angerichtet, dazu eine raffinierte Marinade – das ist doch perfekt als Vorspeise in einem Menü. Aber auch Lamm- und Wildfilet, Pilze, Rüben oder Mango können sich als Carpaccio sehen lassen. Und wer gerne in die Ferne schweift, probiert Ceviche, ein lateinamerikanisches Gericht, bei dem feinster Fisch nur mit Zitrussaft »gegart« und dann mit ungewöhnlichen Dressings vollendet wird. Aber das ist nicht alles: Würziges Tatar – ob mit Fisch oder Fleisch – hat dieses Kapitel auch noch zu bieten. Jetzt haben Sie die Qual der Wahl.

CARPACCIO VON ROTER UND GELBER BETE MIT CASHEWMUS

Neben den Roten Beten gibt es mittlerweile auch Gelbe Beten zu kaufen, die einen wunderbaren Farbkontrast liefern. Geschmacklich besteht kein großer Unterschied, beide Rüben haben diesen unverkennbar mineralischen Geschmack, der sich mit einer cremigen Nusssauce gut ergänzt.

80 g Cashewnüsse
½ Zitrone
3 EL kalt gepresstes Olivenöl
Salz
Steakpfeffer (Würzmischung aus bunten Pfefferkörnern)
1 Rote Bete
1 Gelbe Bete
1 Handvoll junge Beteblätter oder -sprossen

Für 4 Personen
Zubereitung: 20 Min.
Einweichen: über Nacht
Pro Portion: 235 kcal, 5 g EW, 16 g F, 17 g KH

1 Die Cashewnüsse über Nacht in kaltem Wasser einweichen. Dann in ein Sieb abgießen und abtropfen lassen, dabei das Einweichwasser auffangen. Den Saft der Zitrone auspressen.

2 Nüsse mit 1 EL Einweichwasser, 1 EL Olivenöl und 1 TL Zitronensaft in dem Standmixer zu einem sämigen Mus pürieren, dabei eventuell noch etwas Einweichwasser dazugeben. Mus mit Salz und Pfeffer abschmecken.

3 Die Beten waschen, schälen und mit der Mandoline oder einem stabilen Gemüsehobel in hauchdünne Scheiben schneiden. Dabei möglichst Einweghandschuhe tragen, da die Beten stark färben. Die Beteblätter oder -sprossen abbrausen und trocken tupfen.

4 **Anrichten:** Rote- und Gelbe-Bete-Scheiben auf vier Tellern oder einer großen Platte abwechselnd dachziegelartig auslegen. Die Beten salzen und pfeffern und mit dem restlichen Olivenöl und Zitronensaft beträufeln. Das Cashewmus jeweils in die Mitte setzen. Die Beteblätter oder -sprossen über dem Mus verteilen.

TIPP

Von der Bete gibt's an gut sortierten Wochenmarktständen und in Biomärkten je nach Jahreszeit mittlerweile alles zu kaufen – von Sprossen über Blättchen bis hin zu den Knollen. Letztere werden nicht nur als Rote Bete in Lila angeboten, auch gelbe oder rot-weiß-geringelte Rüben kann man kaufen. Mir fällt auf Anhieb kein anderes Gemüse ein, dass binnen eines recht kurzen Zeitraums solch einen Siegeszug angetreten hat.

MANGOCARPACCIO
MIT LUFTGETROCKNETEM SCHINKEN

1 Mango
100 g luftgetrockneter Schinken (in hauchdünnen Scheiben)
1 EL kalt gepresstes Haselnussöl
1 TL Winzer-Weißweinessig oder einige Spritzer Limettensaft

Für 4 Personen
Zubereitung: 10 Min.
Pro Portion: 105 kcal,
8 g EW, 5 g F, 7 g KH

1 Das Fruchtfleisch der Mango der Länge nach rechts und links vom Kern abschneiden. Diese »Bäckchen« schälen und mit den Schnittflächen nach unten auf die Arbeitsfläche legen. Das Fleisch mit einem scharfen Messer längs in möglichst dünne Scheiben schneiden. Restliches Fruchtfleisch vom Kern schneiden, schälen und fürs Carpaccio oder anderweitig verwenden.

2 Den luftgetrockneten Schinken in grobe Stücke zupfen. Das Haselnussöl mit dem Weinessig oder dem Limettensaft verrühren.

3 **Anrichten:** Die Hälfte des Schinkens auf vier Teller verteilen. Darauf die Mangoscheiben anrichten und mit dem Dressing beträufeln. Die restlichen Schinkenstreifen dekorativ darüberlegen.

TIPPS

Das feinfruchtige Aroma dieses Carpaccios ergänzt sich bestens mit dem sehr milden Winzerweinessig, den inzwischen viele kleinere Winzer anbieten, z.B. übers Internet. Auch lecker: etwas rosa Pfeffer übers Carpaccio streuen.

Möchten Sie das Carpaccio kompromisslos roh servieren, »würzen« Sie das Haselnussöl statt mit dem Weinessig mit dem Limettensaft.

Aus diesem Carpaccio können Sie im Handumdrehen auch Fingerfood machen: Mangofleisch in kleine Stücke schneiden, kurz in dem Dressing marinieren, mit Schinkenscheiben umwickeln und mit Zahnstochern feststecken.

PILZCARPACCIO MIT HASELNÜSSEN

1 Die Champignons mit feuchtem Küchenpapier sorgfältig reinigen und dabei von Erdresten befreien, die Stielenden abschneiden. Die Pilze mit der Mandoline oder einem scharfen Messer in möglichst dünne Scheiben schneiden. Je feiner die Scheiben sind, desto schöner lassen sie sich anrichten. Die Champignons auf vier Tellern flach auslegen, zurückhaltend salzen und etwas stärker pfeffern.

2 Aus dem Haselnussöl, Agavendicksaft, Granatapfelsaft und eventuell dem Zitronensaft ein süß-säuerliches Dressing rühren und über die Pilze träufeln.

3 Den Rucola verlesen, waschen und trocken schütteln. Die Blätter in mundgerechte Stücke zupfen, dabei falls nötig dicke Stängel abzwicken. Die Haselnüsse im Mörser etwas zerkleinern oder mit dem Messer grob hacken.

4 **Anrichten:** Die Rucolablätter auf dem Pilzcarpaccio verteilen, die Haselnüsse darüberstreuen.

250 g Champignons
Salz | schwarzer Pfeffer
3 EL kalt gepresstes Haselnussöl
1 TL Agavendicksaft
2 EL Granatapfelsaft
1 Spritzer Zitronensaft (nach Belieben)
200 g Rucola
2 EL Haselnüsse

Für 4 Personen
Zubereitung: 15 Min.
Pro Portion: 140 kcal, 4 g EW, 12 g F, 4 g KH

TIPPS

Hier bekommen Champignons, die im Gegensatz zu fast allen anderen Pilzen roh sehr gut verdaulich sind, mal einen etwas ungewöhnlichen Geschmack – süß-säuerlich. Dafür sorgt das Dressing: Granatapfelsaft, bei dessen Genuss sich der Mund etwas zusammenzieht, wird mit den zart-süßen Aromen von Haselnussöl und Agavendicksaft aufs Feinste ergänzt.

Im Internet bieten Nussbauern herrlich intensiv schmeckendes Haselnussöl an. Gute Qualität gibt es aber auch in Bioläden. Das Öl sollte im Kühlschrank oder dunkel und kühl aufbewahrt werden, damit es nicht ranzig wird. Man kann es nicht nur pikant, sondern sehr gut auch für Desserts verwenden, beispielsweise für frische Obstsalate.

ZUCCHINICARPACCIO
MIT ZUCCHINIBLÜTEN UND MINZE

Zucchini schmecken äußerst mild, was auch Vorteile hat. Sie lassen sich bestens aromatisieren – wie etwa hier mit einem erfrischenden Minzedressing. Wenn Sie gelbe Zucchini finden, können Sie auch diese solo verwenden oder aber mit den grünen Zucchini mischen. Die Zucchiniblüten liefern einen schönen farblichen Kontrast. Man kann sie natürlich füllen und frittieren – in Italien werden sie jedoch gerne pur und roh, nur mit etwas Salz bestreut, als Knabberzeug zum Aperitif gereicht. Und so bereiten wir sie hier auch zu.

4 Stängel Minze
2 Frühlingszwiebeln
1 kleine Knoblauchzehe
3–4 EL kalt gepresstes Rapsöl
1 EL Apfelessig
Salz | schwarzer Pfeffer
2 kleine Zucchini
2 Zucchiniblüten
4–6 EL Pinienkerne

Für 4 Personen
Zubereitung: 20 Min.
Pro Portion: 205 kcal,
3 g EW, 19 g F, 5 g KH

1 Die Minze abbrausen, trocken schütteln und die Blättchen abzupfen. Die Frühlingszwiebeln waschen, putzen und das dunkle Grün entfernen. Die Zwiebeln grob hacken. Knoblauch schälen und ebenfalls grob hacken.

2 Die Minze zusammen mit den Frühlingszwiebeln, Knoblauch, Rapsöl und Apfelessig mit einem Pürierstab zu einem cremigen Dressing mixen. Das Dressing mit Salz und Pfeffer abschmecken.

3 Die Zucchini waschen, putzen und längs auf einer Mandoline oder mit einem stabilen Gemüsehobel in möglichst dünne Scheiben schneiden. Die Zucchiniblüten bei Bedarf vorsichtig abbrausen und trocken tupfen, dann die Blüten der Länge nach halbieren.

4 **Anrichten:** Die Zucchinischeiben auf einer großen Platte oder vier großen Tellern auslegen, das Dressing darüberträufeln. Die Zucchiniblüten mit der Schnittseite nach unten darauf anrichten, salzen. Das Carpaccio mit den Pinienkernen bestreuen.

TIPP

Zucchiniblüten gibt es inzwischen nicht nur in Feinkostläden, sondern auch in sehr gut sortierten Supermärkten zu kaufen. Dort bekommen Sie auch Mini- oder Baby-Zucchini, die nicht länger als ein Finger sind. Diese Zucchini sind hocharomatisch und sehen zudem besonders nett aus. Unbedingt einmal ausprobieren – und in diesem Fall die angegebene Zucchinimenge verdoppeln.

KLASSISCHES CARPACCIO MIT RINDERFILET

Der damalige Chefkoch des berühmten venezianischen Restaurants »Harry's Bar« soll Erfinder dieses Gerichtes sein, das er sich für einen Gast ausdachte. Namensgeber war ebenfalls ein Venezianer, Vittorio Carpaccio, ein Maler aus dem 15. Jahrhundert, der für seine leuchtende Farbpalette – Rottöne waren sein Spezialgebiet – bekannt war. Das Restaurant serviert übrigens auch heute noch das Carpaccio ohne Kapern, bei uns haben Sie die Wahl. Die Worcestersauce, eine nicht rohe Zutat, können Sie durch einige Spritzer rohen Apfelessig, verquirlt mit etwas roher Sojasauce und ganz wenig Ingwerpulver, ersetzen.

1 große Handvoll Wildkräuterblättchen (z. B. Brennnessel, Portulak, Gundermann)
½ Bio-Zitrone
3 EL kalt gepresstes Olivenöl
½ TL Worcestersauce
Salz | schwarzer Pfeffer
250 g Rinderfilet (vom Metzger in hauchdünne Scheiben schneiden lassen oder selbst schneiden, siehe Tipp Seite 88)
2 EL Kapern (nach Belieben)
3 EL Pinienkerne

Für 4 Personen
Zubereitung: 20 Min.
Pro Portion: 230 kcal,
17 g EW, 17 g F, 3 g KH

1 Die Wildkräuterblättchen falls nötig verlesen, abbrausen und mit einem Küchentuch oder mit Küchenpapier trocken tupfen.

2 Die Zitrone heiß waschen und abtrocknen, die Schale fein abreiben. Den Saft der Zitrone auspressen.

3 Aus Olivenöl, Zitronensaft und -schale, der Worcestersauce, Salz und Pfeffer ein cremiges, nicht zu würziges Dressing rühren.

4 **Anrichten:** Die Rinderfiletscheiben auf vier großen Tellern leicht überlappend auslegen, dabei rundherum einen kleinen Rand frei lassen. Dressing über das Fleisch träufeln. Nach Belieben die Kapern, in jedem Fall aber die Pinienkerne, aufstreuen. Die Kräuter als Häufchen jeweils in die Mitte setzen.

TIPPS

Wenn Sie nicht ganz streng roh essen wollen, dann passt zu diesem Carpaccio wunderbar hauchdünn gehobelter Parmesankäse (1 EL pro Portion).

Sehr fein schmeckt auch ein Hauch Trüffelöl, das man über das Fleisch träufelt. Übrigens: Die meisten Trüffelöle werden nicht auf Basis von Trüffeln hergestellt, sondern mit einem naturidentischen Trüffelölaroma versetzt. Der Begriff klingt zwar natürlich, ist jedoch reine Chemie. Man erkennt natürlich aromatisierte Trüffelöle schlicht und einfach am Preis.

1

2

3

4

RINDERCARPACCIO
MIT NORISTREIFEN UND SESAM

Nicht nur in der italienischen, sondern auch in der japanischen Küche wird Fleisch gerne roh gegessen. Kombiniert man also die hauchdünnen rohen Rinderfiletscheiben mit einem Noriblatt (geröstete, papierartige dunkelgrüne Blätter aus Meeresalgen, die für Sushi verwendet werden), erhalten sie eine interessante herzhafte Würze, die durch den milden Sesam und die Sojasauce schön ausgeglichen wird. Wenn Sie komplett roh essen möchten, können Sie im Internet auch ungeröstete Noriblätter finden.

2–3 Radieschen (mit Grün)
1 Noriblatt
1 Limette
1 EL kalt gepresstes Sesamöl
2 EL Sojasauce
1 Msp.– ½ TL Wasabi-Paste (aus der Tube)
250 g Rinderfilet (am besten vom Metzger in hauchdünne Scheiben schneiden lassen oder selbst schneiden, siehe Tipp)
schwarzer Pfeffer
2 EL Sesamsamen

Für 4 Personen
Zubereitung: 25 Min.
Pro Portion: 150 kcal,
15 g EW, 9 g F, 2 g KH

1 Die Radieschen waschen, putzen (das Grün nicht wegwerfen!) und in hauchdünne Scheiben schneiden, das geht am besten mit der Mandoline oder einem scharfen Messer. Das Radieschengrün verlesen: nur knackige hellgrüne Blätter verwenden. Die Blätter nochmals waschen und trocken schütteln, dann fein schneiden.

2 Das Noriblatt in hauchfeine Streifen schneiden. Den Saft der Limette auspressen und mit dem Sesamöl, der Sojasauce und dem Wasabi zu einem cremigen Dressing verrühren.

3 **Anrichten:** Die Rinderfiletscheiben auf vier großen Tellern leicht überlappend auslegen, dabei rundherum einen kleinen Rand frei lassen. Das Fleisch wenig pfeffern, das Dressing darüberträufeln. Das Carpaccio mit den Radieschenscheiben, dem Radieschengrün und den Noriblattstreifen garnieren, mit Sesam bestreuen.

TIPP

Wenn Sie das Rinderfilet gut in Frischhaltefolie einwickeln und im Tiefkühlfach etwa 30 Min. anfrieren lassen, können Sie es auch selbst mit einem sehr scharfen, langen, schmalen Messer in hauchdünne Scheiben schneiden.

LAMMCARPACCIO
MIT SALSA VERDE

Aus Kräutern, Knoblauch und etwas Zitronenschale wird eine Sauce gemixt, die nicht nur geschmacklich erstklassig zu dem würzigen Lammfleisch passt, sondern dem Carpaccio auch einen attraktiven Farbtupfer verleiht. Für die Zubereitung möglichst einen Mörser verwenden – darin kann sich das Kräuteraroma viel besser entfalten als in einem Blitzhacker.

1 Lammlachs (etwa 250 g)
1 Bund glatte Petersilie
3 Stängel Estragon
1 Bund Schnittlauch
1 kleine Knoblauchzehe
2 EL kalt gepresstes Olivenöl
1 Bio-Zitrone
Salz | schwarzer Pfeffer

Für 4 Personen
Zubereitung: 40 Min.
Pro Portion: 125 kcal,
12 g EW, 8 g F, 0 g KH

1 Den Lammlachs gut in Frischhaltefolie einwicklen und etwa 30 Min. im Tiefkühlfach anfrieren lassen.

2 Inzwischen die Kräuter abbrausen und trocken schütteln, die Petersilien- und Estragonblättchen von den Stängeln zupfen. Kräuter nach Belieben mit dem Messer ganz fein hacken oder nur grob schneiden und dann mit dem Mörser fein zerstoßen. Alternativ einen elektrischen Blitzhacker verwenden.

3 Knoblauch schälen, fein hacken und mit dem Olivenöl unter die Kräuter rühren. Die Zitrone heiß waschen und abtrocknen, die Schale fein abreiben und ebenfalls unter die Salsa verde rühren. Den Saft der Zitrone auspressen.

4 Das angefrorene Lammfleisch mit einem sehr scharfen, langen, schmalen Messer quer in möglichst dünne Scheiben schneiden. Das Fleisch mit dem Zitronensaft beträufeln und mit Salz und Pfeffer würzen.

5 **Anrichten:** Die Lammlachsscheiben auf vier großen Tellern oder einer Platte leicht überlappend auslegen, dabei rundherum einen kleinen Rand frei lassen. Die Salsa verde auf dem Fleisch verteilen.

TIPP

Schnittlauch blüht im Juli – auch Ihr Schnittlauchtopf auf der Fensterbank. Die Blüten sehen nicht nur sehr dekorativ aus, sie schmecken zudem fein nach Schnittlauch. Wer mag, streut ein paar Blüten übers Carpaccio.

WILDCARPACCIO MIT BEEREN-ORANGEN-SALSA

Auch Reh- und Hirschfleisch eignen sich sehr gut für ein Carpaccio. Und wenn Sie das Fleisch beim Metzger Ihres Vertrauens kaufen oder direkt vom Jäger beziehen, müssen Sie keinerlei Sorge wegen Bakterien haben. Wildschwein hingegen sollte wegen der Trichinengefahr auf keinen Fall roh verzehrt werden.

80 g rote Johannisbeeren
1 Orange
Fleur de Sel
schwarzer Pfeffer
1 Handvoll Wildkräuterblättchen (z. B. Giersch, Brennnessel, Löwenzahn, Vogelmiere)
250 g Reh- oder Hirschfilet (vom Metzger in hauchdünne Scheiben schneiden lassen oder selbst schneiden, siehe Tipp Seite 88)

Für 4 Personen
Zubereitung: 5 Min.
Pro Portion: 105 kcal, 15 g EW, 2 g F, 4 g KH

1 Die Johannisbeerrispen waschen und die Beeren mit einer Gabel von den Zweigchen streifen. Die Beeren pürieren und durch ein feines Sieb drücken, um die Kerne zu entfernen.

2 Die Orange so schälen, dass auch die weiße Haut mit entfernt wird. Das Fruchtfleisch klein hacken, dabei die Kerne entfernen. Die Orange unter das Johannisbeerpüree rühren und die Salsa mit Fleur de Sel und Pfeffer würzen.

3 Die Wildkräuterblättchen falls nötig verlesen, abbrausen und mit einem Küchentuch oder mit Küchenpapier trocken tupfen.

4 **Anrichten:** Reh- oder Hirschfiletscheiben auf vier großen Tellern leicht überlappend auslegen, dabei rundherum einen kleinen Rand frei lassen. Die Johannisbeer-Orangen-Salsa auf dem Fleisch verteilen. Mit den Wildkräutern garnieren.

INFO

Giersch ist eine anspruchslose Pflanze, die oft als lästiges Unkraut bezeichnet wird, da sie sich wuchernd im Garten ausbreitet. Das kann man sich zunutze machen und das Kraut in der Küche einsetzen. Giersch erinnert geschmacklich an Spinat mit einem Hauch Petersilie – perfekt, um ihn als Salat oder Gemüse zuzubereiten oder über ein Carpaccio zu streuen (siehe auch Seite 52). Zusatzplus: reichlich Kalium, Eisen, Karotin und Vitamin C. Für die rohe Zubereitung am besten möglichst junge, zarte Blätter verwenden.

ERFRISCHENDES AUS FERNEN LANDEN
CEVICHE

Brasilianische Lebensart meets Berlin: Josie Franke ist Expertin in Sachen roher Fisch und wie man ihn mit einigen Spritzern Zitrussaft und ein paar Aromaten in ein köstliches Gericht verwandelt.

Josie Franke ist Deutsch-Brasilianerin und Küchenchefin im südamerikanischen Restaurant »Sudaka« in Berlin. Dort ist sie auch für eines der beliebtesten Gerichte auf der Speisekarte verantwortlich, Ceviche. Hinter diesem unverkennbar spanischen Namen verbirgt sich ein ganz einfaches Konzept: Frisches Rohes wird mit Zitrussaft »gegart« und aromatisiert und dann nach einigen Stunden leicht gekühlt, gewürzt und mit ein paar weiteren wenigen und neugierig machenden Gemüsen oder Früchten und auf jeden Fall Kräutern serviert.

Auch sie selbst liebt Ceviche. Warum? »Bei diesem Gericht lässt man gute Zutaten für sich sprechen. Außerdem ist das Essen leicht und gesund. Für mich als Köchin ist überdies der Variantenreichtum sehr interessant. Es hat nur drei Grundkomponenten: Fisch, Säure und Schärfe. Damit zu spielen und sich immer neue Variationen einfallen zu lassen, finde ich äußerst spannend.«
Welchen Seefisch man für Ceviche nimmt, ist eine Geschmackssache. Zackenbarsch, Dorade, Lachs, Thunfisch oder auch Seezunge eignen sich sehr gut dafür. Bei Süßwasserfischen gilt: auf Zuchtfische aus dem Teich verzichten und lieber zu Wildfängen aus dem Fluss greifen.

Aus dem lebensfrohen Brasilien nach Berlin

»Meine Uroma hat in Deutschland gelebt. Meine Großeltern und meine Eltern sprechen Deutsch. Da war es naheliegend, auch selbst einmal nach Deutschland zu reisen. Berlins Multi-Kulti-Flair hat mich besonders angesprochen. Ich wollte genau da bleiben! Die Stadt ist groß und vielfältig. Für mich ist Berlin der alles bewegende Motor im Zentrum von Europa.«

Josie Frankes Tipps fürs Ceviche zu Hause:

- Das A und O ist wirklich richtig frischer Fisch. Mittlerweile gibt es fast überall in Deutschland beste Qualität zu kaufen, ob auf Wochenmärkten, im Fachgeschäft oder im gut sortierten großen Lebensmittelgeschäft. TK-Fisch eignet sich nicht so gut. Denn nicht jeder Fischer kann sich an Bord eine Anlage leisten, mit der er den Fisch sofort nach dem Fang weiterverarbeiten und ihn beispielsweise nach dem Ausnehmen nochmals mit Salzwasser durchspülen kann. Deshalb empfehle ich frischen Fisch. Der Fischhändler filetiert ihn bestimmt. Bei uns in Südamerika schließen die auf dieses Gericht spezialisierten Cevicherias meist am späten Nachmittag, denn dann ist der tagesfrische Fisch für unsere Begriffe schon nicht mehr frisch genug.
- Herrlich frische Kräuter gehören zu Ceviche einfach dazu. Wenn Sie das ungewöhnliche und recht intensive Aroma von Koriandergrün nicht so gerne mögen, experimentieren Sie einfach mit Petersilie, mit Fenchelgrün, mit Schnittlauch. Kräuter kalt abbrausen, trocken tupfen und dann sehr vorsichtig mit der Hand hacken, keinesfalls drücken oder in einer Maschine zerkleinern.
- Der Fisch muss zwar einige Zeit in Zitrussaft marinieren, aber sobald Sie das Gericht fertig angerichtet haben, sollte es auch serviert werden. Lassen Sie den Fisch nicht zu lange in der Marinade: Nach 4–5 Stunden bekommt er eine kalkige Konsistenz, das ist nicht mehr schön.
- Das Auge isst mit. Ich sage immer: »Man muss mit Liebe anrichten.« Und damit meine ich, einen Teller wirklich schön und ganz in Ruhe zu dekorieren. Das muss überhaupt nicht aufwendig sein, wenn der Fisch in gleichmäßige Stücke geteilt wurde und die Kräuter nicht schon das Welken anfangen, ist das zum einen einfach und sieht zudem appetitanregend aus.

Sudaka
Goltzstraße 36
10781 Berlin

Küchenchefin:
Josie Franke

www.sudaka.de

CEVICHE – DAS ORIGINAL

Verblüffend einfach und unkompliziert in der Zubereitung und zugleich unglaublich lecker ist eines der Nationalgerichte von Peru und Ecuador: Ceviche (ausgesprochen: sze:wi:tsche). Fangfrischer roher Fisch wird mit Limetten- oder Zitronensaft aromatisiert und zieht dann einige Stunden im eigenen Saft, bis der Fisch nicht mehr glasig ist. Die Zitrussäure sorgt dafür, dass das tierische Protein ähnlich wie beim Garen seine Struktur verändert, und der Fisch nicht mehr roh, sondern fast wie gegart schmeckt. Sehr fein für Ceviche sind Flunder, Dorade, Knurrhahn, Wolfsbarsch und Seelachs. Ob Tomaten dazu serviert werden oder nicht, darüber streiten sich Peruaner (»Ja, sicher!«) und Ecuadorianer (»Nein, niemals!«) ausgiebig.

400 g weißfleischiges Fischfilet (siehe oben, ohne Haut)
2 Limetten
1 Orange
1 kleine rote Zwiebel
Salz
1 kleine rote Chilischote
1 kleines Bund Koriandergrün

Für 4 Personen
Zubereitung: 15 Min.
Marinieren: 3 Std.
Pro Portion: 115 kcal,
18 g EW, 3 g F, 3 g KH

1 Das Fischfilet waschen und gut trocken tupfen. Das Filet in hauchdünne Scheiben schneiden und möglichst flach in eine niedrige Form schichten. Den Saft der Limetten und der Orange auspressen und über den Fisch gießen. Abgedeckt im Kühlschrank etwa 3 Std. durchziehen lassen.

2 Die Zwiebel schälen und in ganz feine Ringe schneiden. Zwiebelringe in etwas kaltem Salzwasser 5 Min. ziehen lassen, dann in ein Sieb abgießen und gut abtropfen lassen. Die Chilischote waschen, putzen und in feine Ringe schneiden. Koriander abbrausen und trocken schütteln, die Blättchen von den Stängeln zupfen und nach Belieben grob zerkleinern.

3 Das Fischfilet gründlich duchrühren. Zwiebel, Chili und Koriander dazugeben und untermischen. Ceviche mit wenig Salz würzen.

4 **Anrichten:** Vier große Teller einige Minuten in das Tiefkühlfach stellen und anfrosten, dann die Ceviche darauf verteilen.

TIPP

Achten Sie darauf, dass die Ceviche fein abgeschmeckt ist – nicht zu sauer, nicht zu salzig – nur dann kann sich das Aroma voll entfalten.

1

2

3

4

HEILBUTT-CEVICHE MIT GRÜNER SAUCE

Ceviche kommt zwar vom anderen Ende der Welt, kann aber durchaus auch mit urdeutschen Aromen wie den Kräutern für die klassische hessische Grüne Sauce zubereitet werden.

½–1 Bund gemischte Kräuter für Grüne Sauce (möglichst mit Blüten)
1 Zitrone
1 TL mittelscharfer Senf
1 EL kalt gepresstes Raps- oder Sonnenblumenöl (nach Belieben)
Salz | schwarzer Pfeffer
300 g Heilbuttfilet (ohne Haut)

Für 4 Personen
Zubereitung: 20 Min.
Marinieren: 3 Std.
Pro Portion: 100 kcal, 15 g EW, 4 g F, 0 g KH

1 Die Kräuter abbrausen und trocken schütteln. Eventuell Blüten (z. B. von Borretsch und Schnittlauch) abzwicken und für die Garnitur beiseitelegen. Die Kräuterblättchen von den Stängeln zupfen und fein hacken (auch wenn sie später noch püriert werden – geschmacklich ist es trotzdem von Vorteil, sie vorher in Handarbeit fein zu schneiden).

2 Den Saft der Zitrone auspressen, 1 TL abnehmen und für später beiseitestellen. Den Rest mit den Kräutern, dem Senf und nach Belieben dem Öl in einen hohen Rührbecher geben. Alles mit dem Pürierstab zu einer cremigen Sauce mixen. Sauce mit Salz und Pfeffer würzen.

3 Das Heilbuttfilet waschen, gut trocken tupfen und fein würfeln. Mit der Kräutersauce in eine flache Schüssel geben, gründlich vermischen. Abgedeckt etwa 3 Std. im Kühlschrank durchziehen lassen. Sobald der Fisch milchig ist, ist er ausreichend mariniert. Dann nochmals gut durchrühren und mit Salz und übrigem Zitronensaft abschmecken.

4 **Anrichten:** Den marinierten Fisch auf vier Schälchen oder kleine Teller verteilen. Eventuell mit den Blüten garnieren.

TIPP

Sieben gut aufeinander abgestimmte Kräuter gehören in die Frankfurter Grüne Sauce: Borretsch und Pimpinelle liefern ein zartes, an Gurke erinnerndes Aroma; Sauerampfer ist leicht säuerlich; Kerbel steuert eine feine Süße bei; Schnittlauch gibt eine pikante Würze; Kresse und Petersilie schmecken leicht nussig. All diese Kräuter gibt es fertig gemischt in einem Bund zu kaufen, dessen Größe variieren kann. Bereiten Sie darum die Sauce für den Heilbutt erst mal mit nur ½ Bund zu. So können Sie feststellen, wie intensiv sie schmeckt und ob Sie die restlichen Kräuter noch benötigen. Falls Sie kein fertiges Grüne-Kräuter-Bündel finden, einfach einige der oben genannten Kräuter selbst kombinieren.

KABELJAU-CEVICHE MIT TOMATENSALSA UND ZITRONENSTÜCKCHEN

Bei Ceviche denkt mancher vielleicht, dass ausschließlich teure, noble Fische dafür in Frage kommen – vom Wolfsbarsch über die Goldbrasse bis zur Seezunge. Doch tatsächlich eignen sich »einfache« Fische mit kräftiger Struktur und intensivem Aroma fast noch besser als zarte edle.

300 g Kabeljaufilet (ohne Haut)
1–2 Limetten
2 Tomaten
1 kleine Chilischote
1 frische Knoblauchzehe
1 TL Meersalz
schwarzer Pfeffer
2 EL kalt gepresstes Rapsöl
½–1 Zitrone (z. B. Amalfi-Zitrone, siehe Tipp)
8 Basilikumblättchen

Für 4 Personen
Zubereitung: 25 Min.
Marinieren: 4 Std.
Pro Portion: 120 kcal, 14 g EW, 6 g F, 1 g KH

1 Das Kabeljaufilet waschen und gut trocken tupfen. Filet in feine Scheiben schneiden, in eine flache Form geben. Saft der Limette(n) auspressen, über den Fisch gießen, gut unterrühren. Abgedeckt in den Kühlschrank stellen.

2 Tomaten waschen, von den Stielansätzen befreien und fein würfeln. Die Chilischote waschen, putzen und je nach gewünschtem Schärfegrad mit oder ohne Kerne in feine Ringe schneiden. Knoblauch schälen und fein hacken. Alles mischen, mit Salz und Pfeffer würzen, Rapsöl unterrühren.

3 Die Tomatenmischung unter den Fisch mengen. Ceviche gut abdecken und etwa 4 Std. im Kühlschrank durchziehen lassen.

4 Über einer Schüssel mit einem kleinen scharfen Messer die Schalen der Zitrone großzügig abschneiden. Die verbleibende weiße Haut sorgfältig abtrennen. Zum Filetieren nach und nach jedes Fruchtsegment direkt an den beiden Trennhäuten einschneiden, das Fruchtfilet auslösen. Den dabei austretenden Saft in der Schüssel auffangen. Übrige Häute gut ausdrücken. Die Fruchtfilets und den Saft kalt stellen.

5 **Anrichten:** Den Zitronensaft unter die Ceviche rühren, abschmecken. Ceviche auf vier Teller oder Schälchen verteilen und mit den Zitronenfilets und den Basilikumblättchen garnieren.

TIPP

Im sonnigen Süditalien isst man Amalfi-Zitronen gerne auch pur, weil sie ein schön ausbalanciertes Säureverhältnis haben. Ab und zu gibt es diese Zitronen auch bei uns zu kaufen – fragen Sie Ihren Obst- und Gemüsehändler einfach mal, ob er sie besorgen kann.

PANGASIUS-CEVICHE
MIT CHILI UND KOKOSMILCH

Pangasius ist ein sehr beliebter Speisefisch geworden, da er eine angenehme Konsistenz hat und wegen seines milden Aromas besonders denjenigen schmeckt, die die etwas fischigeren Kabeljau oder Dorsch nicht mögen. Es gibt ihn mittlerweile bereits als Bio-Variante. Probieren Sie Pangasius unbedingt mal aus – etwa mit dieser feinen exotischen Sauce.

300 g Pangasiusfilet (ohne Haut)
6 Kaffir-Limettenblätter
1 rote Chilischote
1 Limette
100 ml Kokosmilch
einige Tropfen kalt gepresstes Sesamöl
Salz

Für 4 Personen
Zubereitung: 20 Min.
Marinieren: 3 Std.
Pro Portion: 65 kcal, 8 g EW, 3 g F, 1 g KH

1 Das Pangasiusfilet waschen und gut trocken tupfen. Das Filet in feine Streifen schneiden und in eine flache Form geben. Abgedeckt in den Kühlschrank stellen.

2 Die Limettenblätter waschen und in grobe Stücke zupfen. Die Chilischote waschen, putzen und je nach gewünschtem Schärfegrad mit oder ohne Kerne in feine Ringe schneiden. Den Saft der Limette auspressen.

3 Limettenblätter, Chili und Limettensaft mit der Kokosmilch verrühren. Mit Sesamöl und wenig Salz abschmecken. Das Dressing unter den Fisch rühren. Abgedeckt etwa 3 Std. im Kühlschrank durchziehen lassen.

4 **Anrichten:** Die Limettenblätter entfernen. Die Ceviche auf vier kleine Teller verteilen.

TIPPS

Sesamöl hat einen sehr intensiven Geschmack. Ich persönlich schätze ihn sehr und würze auch kräftiger mit dem Öl, als es in diesem Rezept angegeben ist. Aber wenn Sie mit seinem nussig-pikanten Aroma noch nicht vertraut sind, reichen ein paar Tropfen völlig aus. Wer möchte, kann natürlich auch 1 TL voll oder sogar etwas mehr verwenden.

Wer mag, kann das Limettenaroma noch intensivieren: Die Limette als Bio-Ware kaufen und vor dem Auspressen etwas Schale fein abreiben. Limettenschale dann über die angerichtete Cerviche auf den Tellern streuen.

Besonders hübsch sieht die Ceviche aus, wenn Sie sie in großen leeren Jakobsmuschelschalen anrichten. Etwas grobes Salz als Stehhilfe auf vier Platztellern verstreuen und die befüllten Muschelschalen daraufsetzen.

1

2

3

4

DORADEN-CEVICHE MIT PETERSILIENWURZELN UND SPITZPAPRIKA

Die Petersilienwurzel, die Generationen nur aus dem Suppengrünbund kennen, feiert in der gehobenen Küche gerade ein Comeback. Sie schmeckt leicht süßlich, aber unverkennbar nach Petersilie. Im Sommer hat sie ein zartes Aroma und passt gut zu Fisch und anderem Gemüse. Im Winter schmeckt sie herzhafter, dann reicht auch eine kleinere Menge aus.

400 g Doradenfilet (ohne Haut)
1 Limette
½ Zitrone
2 EL kalt gepresstes Olivenöl
Salz | schwarzer Pfeffer
2 kleine junge Petersilienwurzeln (oder ½ große Petersilienwurzel)
2 Spitzpaprikaschoten

Für 4 Personen
Zubereitung: 25 Min.
Marinieren: 2 Std.
Pro Portion: 225 kcal, 22 g EW, 13 g F, 3 g KH

1 Das Doradenfilet waschen und gut trocken tupfen. Filet in feine Scheiben schneiden, in eine flache Form geben. Abgedeckt in den Kühlschrank stellen.

2 Den Saft der Limette und der Zitrone auspressen. Die Zitrussäfte mit dem Olivenöl, Salz und Pfeffer zu einem würzigen Dressing verrühren. Die Petersilienwurzeln schälen, auf der Küchenreibe fein raspeln und unter das Dressing mischen.

3 Das Dressing unter den Fisch rühren. Abgedeckt etwa 2 Std. im Kühlschrank durchziehen lassen. Dann die Spitzpaprika putzen, waschen und in feine Streifen schneiden.

4 **Anrichten:** Die Ceviche gut durchrühren und auf vier große Teller verteilen. Die Spitzpaprika dekorativ darauflegen.

TIPP

Besonders schön sieht die Doraden-Ceviche auf Tellern aus der japanischen Küche – in einem zarten Blau oder Grün – aus. Auf großen weißen Tellern wirkt das Gericht sehr edel. In der Sternegastronomie werden sie auf Hochglanz poliert, indem sie mit etwas Gin eingerieben werden.

SÜSSWASSERFISCH-CEVICHE MIT BÄRLAUCH

400 g Bachsaibling- oder Renkenfilet (ohne Haut)
1 Limette | 4 Kirschtomaten
4–6 Bärlauchblätter
Salz | 1 rote Zwiebel
schwarzer Pfeffer

Für 4 Personen
Zubereitung: 10 Min.
Marinieren: 3 Std.
Pro Portion: 115 kcal, 21 g EW, 2 g F, 1 g KH

1 Das Fischfilet waschen und gut trocken tupfen. Filet in feine Scheiben schneiden, in eine flache Form geben. Abgedeckt in den Kühlschrank stellen.

2 Den Saft der Limette auspressen. Die Kirschtomaten waschen, halbieren und fein hacken. Den Bärlauch abbrausen, trocken tupfen und in sehr feine Streifen schneiden.

3 Limettensaft, Tomaten, Bärlauchstreifen und etwas Salz unter den Fisch rühren. Abgedeckt etwa 3 Std. im Kühlschrank durchziehen lassen.

4 Dann Zwiebel schälen, ganz fein würfeln und unter die Ceviche rühren. Mit Pfeffer würzen und eventuell noch nachsalzen.

5 **Anrichten:** Die Süßwasserfisch-Ceviche auf vier kleine Teller verteilen.

INFO

Die meisten klassischen Ceviche-Gerichte werden mit Salzwasserfischen zubereitet – und das hat seinen Grund: Diese haben dank der Salzkonzentration in ihrem Fleisch weniger Bakterien als Süßwasserfische. Wenn Sie aber bei Süßwasserfischen zu Wildfängen greifen (etwa zu Renken oder Bachsaiblingen), können Sie auch diese Fische bedenkenlos zu Ceviche verarbeiten.

DORSCH-CEVICHE MIT RADIESCHEN

400 g Dorschfilet (ohne Haut, z. B. Angeldorsch aus der Ostsee)
2 Limetten
1–2 Orangen
Salz
1 rote Zwiebel
1 rote Chilischote
5–6 Radieschen
1 Bund Schnittlauch

Für 4 Personen
Zubereitung: 30 Min.
Marinieren + Wässern: 3 Std.
Pro Portion: 125 kcal, 19 g EW, 1 g F, 7 g KH

1 Das Dorschfilet waschen und gut trocken tupfen. Das Filet in kleine Würfel schneiden, in eine flache Form geben. Abgedeckt in den Kühlschrank stellen.

2 Saft der Limetten auspressen. Über einer Schüssel mit einem kleinen scharfen Messer die Schalen der Orange(n) großzügig abschneiden. Verbleibende weiße Haut sorgfältig abtrennen. Zum Filetieren nach und nach jedes Fruchtsegment direkt an den beiden Trennhäuten einschneiden, Fruchtfilet auslösen. Den dabei austretenden Saft in der Schüssel auffangen. Übrige Häute gut ausdrücken. Die Orangenfilets halbieren und abgedeckt kühl stellen.

3 Zitrussäfte über den Fisch gießen, wenig salzen. Abgedeckt 2 Std. im Kühlschrank durchziehen lassen. Zwiebel schälen, in hauchfeine Streifen schneiden und in leicht gesalzenem kaltem Wasser 30 Min. wässern, dann abgießen.

4 Die Chilischote waschen, putzen und in feine Ringe schneiden. Radieschen putzen, waschen und möglichst klein würfeln. Beides mit der Zwiebel unter den Fisch rühren, noch 1 Std. kühlen. Dann den Schnittlauch abbrausen, trocken schütteln, fein schneiden und unter den Fisch mischen. Ceviche abschmecken.

5 **Anrichten:** Die Ceviche auf vier Teller oder in Schälchen verteilen und mit den Orangenfilets garnieren.

TIPP

Kabeljau aus der Ostsee, Dorsch oder Angeldorsch genannt, galt vor einigen Jahren noch als überfischt, aber die Bestände haben sich sehr gut erholt. In vielen Ostsee-Dörfern gibt es diesen Dorsch fangfrisch zu kaufen. Er schmeckt sehr aromatisch und kann mit dem pfeffrigen Aroma der Radieschen gut mithalten.

SASHIMI VOM THUNFISCH MIT PONZUSAUCE

Die japanische Küche ist bekannt für ihre Schlichtheit. Es genügen nur wenige Zutaten, um daraus ein Gericht zu zaubern, das mit Anmut, Kraft und vollem Aroma aufwartet. Überzeugen Sie sich selbst: Thunfisch von bester Qualität wird in feine Scheiben geschnitten und gut gekühlt als Sashimi serviert. Dazu gibt es immer eine würzige Sauce, die das Ganze abrundet.

200 g Thunfischfilet (ohne Haut)
1 Orange
1 Zitrone
3 EL Sojasauce
2 EL Mirin (roher Ersatz: 1 TL Agavendicksaft)
½ TL kalt gepresstes Sesamöl
2 EL Sesamsamen

Für 4 Personen
Zubereitung: 15 Min.
Pro Portion: 190 kcal, 13 g EW, 12 g F, 6 g KH

1 Das Thunfischfilet waschen und gut trocken tupfen. Das Filet in möglichst feine Scheiben schneiden und nebeneinander in eine flache Form geben. Abgedeckt in den Kühlschrank stellen.

2 Den Saft der Orange und Zitrone auspressen. Zitrussäfte mit Sojasauce, Mirin, Sesamöl und -samen zu einer Sauce verrühren.

3 **Anrichten:** Die Thunfischscheiben auf vier asiatisch anmutenden Tellern oder Platten auslegen. Die Ponzusauce in kleine Schälchen füllen und zum Sashimi servieren, sodass sich jeder davon über den Fisch träufeln kann.

TIPPS

Wenn Sie aus dieser leichten Vorspeise gerne ein Hauptgericht machen wollen, können Sie noch rote Zwiebelringe, Paprika- und Avocadostückchen in Schälchen füllen und neben dem Sashimi mit auf den Tisch stellen. Jeder streut sich dann selbst etwas davon auf den Fisch.

Ein echter Hingucker: Thunfisch-Sashimi auf einem Salatbett (besonders fein: Baby-Blattspinat) servieren.

LACHS-CEVICHE AUF FENCHELSCHEIBEN MIT ZITRUSDREIERLEI

Sushi oder Sashimi mit Lachs ist bestens bekannt, aber auch Ceviche schmeckt mit diesem aromatischen Fisch köstlich. Einfach mal ausprobieren, etwa als frisches, leichtes und trotzdem sättigendes Mittagessen im Büro: morgens schnell zubereiten und anrichten, dann mit zur Arbeit nehmen und dort im Kühlschrank noch durchziehen lassen.

300 g Lachsfilet (ohne Haut)
1 Limette
2 Blutorangen
1 Pink Grapefruit
Salz | schwarzer Pfeffer
2 kleine Knollen Fenchel
2 Tomaten

Für 4 Personen
Zubereitung: 30 Min.
Marinieren: 4 Std.
Pro Portion: 230 kcal, 17 g EW, 11 g F, 14 g KH

1 Das Lachsfilet waschen und gut trocken tupfen. Filet in dünne Scheiben schneiden, in eine flache Form geben. Abgedeckt in den Kühlschrank stellen.

2 Den Saft der Limette auspressen. Über einer Schüssel mit einem kleinen scharfen Messer die Schalen der Orangen und der Grapefruit großzügig abschneiden. Verbleibende weiße Haut sorgfältig abtrennen. Zum Filetieren nach und nach jedes Fruchtsegment direkt an den beiden Trennhäuten einschneiden, das Fruchtfilet auslösen. Den dabei austretenden Saft in der Schüssel auffangen. Übrige Häute gut ausdrücken. Zitrusfilets abgedeckt bis zur Verwendung beiseitestellen.

3 Die Zitrussäfte unter den Fisch rühren, wenig salzen und pfeffern. Abgedeckt etwa 4 Std. im Kühlschrank durchziehen lassen.

4 Dann die Fenchelknollen waschen, putzen und vom Strunk befreien. Schönes Fenchelgrün für die Garnitur beiseitelegen. Den Fenchel mit der Mandoline oder einem Messer so dünn wie möglich in Scheiben schneiden und unter den Fisch rühren, abschmecken. Die Tomaten waschen, von den Stielansätzen befreien und in dünne Scheiben schneiden.

5 **Anrichten:** Tomaten auf vier tiefe Teller verteilen, darüber die Ceviche mit dem Sud geben. Mit den Zitrusfilets und dem Fenchelgrün garnieren.

LACHS-CEVICHE
MIT PAPRIKA UND SENFÖL

Im Gegensatz zu Fischen mit mildem Aroma kann Lachs ein bisschen mehr Säure und Schärfe gut vertragen. Letzteres liefert hier Senföl. Dieses wird von kleinen Senfmanufakturen hergestellt, die ihre Produkte meist auch im Internet vertreiben. Das Öl verleiht dem Gericht eine angenehme, nicht zu intensive Schärfe. Es ist leider nicht sehr lange haltbar, deshalb empfiehlt es sich, eher eine kleine Menge zu kaufen.

300 g Lachsfilet (ohne Haut)
1 Limette
1 Orange
Salz
2 EL Senföl
1 gelbe Paprikaschote
1 rote Paprikaschote
4 Frühlingszwiebeln
1 kleines Bund Koriandergrün
schwarzer Pfeffer

Für 4 Personen
Zubereitung: 20 Min.
Marinieren: 2 Std.
Pro Portion: 235 kcal,
16 g EW, 16 g F, 5 g KH

1 Das Lachsfilet waschen und gut trocken tupfen. Das Filet in etwa 1 cm dicke Scheiben schneiden, in eine flache Form geben. Saft der Limette und Orange auspressen, unter den Fisch rühren, wenig salzen. Abgedeckt etwa 2 Std. im Kühlschrank durchziehen lassen, dann das Senföl unterrühren.

2 Paprikaschoten putzen, waschen und in kleine Würfel schneiden. Die Frühlingszwiebeln waschen, putzen und das dunkle Grün entfernen. Die Zwiebeln in feine Ringe schneiden. Den Koriander abbrausen und trocken schütteln, Blättchen von den Stängeln zupfen und eventuell grob schneiden.

3 Die Paprikawürfel, die Zwiebelringe und den Koriander zum Fisch geben. Alles gut durchmischen, pfeffern und bei Bedarf noch mit Salz nachwürzen.

4 **Anrichten:** Die Lachs-Ceviche auf vier Teller verteilen.

INFO

Je dicker die Fettadern sind, die ein Lachsfilet durchziehen, desto eindeutiger ist, dass der Fisch im Zuchtbecken nicht viel Platz hatte. Dies beeinflusst nicht nur den Fettgehalt, sondern auch die Konsistenz des Filets: Je dicker die Adern sind, desto weicher ist das Fischfleisch. Wird der Fisch gegart, fällt das nicht weiter ins Gewicht, bei der rohen Zubereitung für Ceviche allerdings schon. Ideal ist hier Wildlachs, der ein schön festes Fleisch hat. Dieser darf jedoch (in Kanada und im Norden der USA beispielsweise) nur eingeschränkt gefangen werden und ist deshalb im Gegensatz zu Zuchtlachs nicht das ganze Jahr über erhältlich.

EINGELEGTE SARDELLEN MIT KNOBLAUCH

In Boccadasse, einem winzigen Fischerdorf direkt vor den Toren der einstigen Seerepublik Genua, soll dieses fabelhafte Rezept erfunden worden sein. Zumindest behaupten das nicht nur die Genuesen, sondern auch die Foodhistoriker. Diese »acciughe al limone« sind denkbar einfach in der Zubereitung und schmecken dennoch köstlich – die Frische des Fisches kommt hier einfach aufs Feinste zur Geltung.

16 Sardellen (möglichst vom Fischhändler zu Doppelfilets vorbereiten lassen)
1 Zitrone
80 ml kalt gepresstes Olivenöl
½ TL Fleur de Sel
1 kleine frische Knoblauchzehe
4 Stängel glatte Petersilie

Für 4 Personen
Zubereitung: 10 Min. (ohne Ausnehmen und Filetieren)
Marinieren: 5 Std.
Pro Portion: 205 kcal, 4 g EW, 20 g F, 0 g KH

1 Die Sardellen bei Bedarf ausnehmen und filetieren (siehe Info). Sardellenfilets waschen und gut trocken tupfen. Filets auseinanderklappen und mit der Hautseite nach unten nebeneinander in eine flache Form geben. Abgedeckt in den Kühlschrank stellen.

2 Den Saft der Zitrone auspressen und mit dem Öl und dem Fleur de Sel in einen hohen Rührbecher geben. Alles mit dem Pürierstab zu einer cremigen Sauce aufschlagen, über die Sardellen gießen. Abgedeckt etwa 5 Std. im Kühlschrank durchziehen lassen.

3 Die Knoblauchzehe schälen und in winzig kleine Würfel schneiden. Petersilie abbrausen und trocken schütteln, Blättchen von den Stängeln zupfen.

4 **Anrichten:** Die Sardellenfilets nebeneinander auf eine große Platte legen, mit dem Mariniersud beträufeln. Die Knoblauchwürfelchen darüberstreuen, mit den Petersilienblättchen garnieren.

INFO

Fangfrische Sardellen kann Ihnen Ihr Fischhändler besorgen, und er wird die Fische bestimmt auch zu Doppelfilets vorbereiten. Wenn nicht: Die Fische an der Bauchseite längs einschneiden und mit dem Zeigefinger die Eingeweide herauskratzen. Dann den Daumen entlang der Mittelgräte ziehen, dabei den Nagel ein wenig ins Fleisch drücken, und den Fisch aufklappen. Mit dem Zeigefinger unter die Gräte fahren, diese abheben und ablösen. Den Schwanz und den Kopf der Sardellen abschneiden.

1

2

3

4

LACHSTATAR
IM SALATGURKEN-CUP

1 Bio-Salatgurke | Salz
300 g Lachsfilet (ohne Haut)
2 EL Kapern | 1 EL mittelscharfer Senf
½ Bund Schnittlauch
1 kleine Knoblauchzehe | 2 Limetten
2 EL kalt gepresstes Olivenöl
Salz | schwarzer Pfeffer

Für 4 Personen
Zubereitung: 30 Min.
Pro Portion: 225 kcal,
15 g EW, 17 g F, 3 g KH

1 Salatgurke waschen (wer mag, kann sie natürlich auch schälen), putzen und in etwa 3 cm dicke Stücke schneiden. Mit einem Kugelausstecher das Innere der Gurkenstücke vorsichtig aushöhlen. Dabei darauf achten, dass am unteren Ende noch Gurkenfleisch stehenbleibt. Diese Cups wenig salzen, mit der Öffnung nach unten auf die Arbeitsfläche stellen und etwa 20 Min. ziehen lassen. Dann mit Küchenpapier trocken tupfen.

2 Das Lachsfilet waschen, gut trocken tupfen, sehr fein hacken und in eine Schüssel geben. Die Kapern sehr fein hacken und mit dem Senf unters Lachstatar rühren. Schnittlauch abbrausen, trocken schütteln und in feine Röllchen schneiden, die Knoblauchzehe schälen und fein hacken. Beides ebenfalls unter das Lachstatar mischen.

3 Den Saft der Limetten auspressen und mit dem Olivenöl cremig verrühren. Mit Salz und Pfeffer würzen. Das Dressing zum Lachstatar gießen und unterrühren.

4 **Anrichten:** Das Lachstatar in die Salatgurken-Cups füllen und auf Mini-Teller stellen.

TIPP

Ohne großen Aufwand zuzubereiten, aber ein echter Hingucker sind diese Mini-Cups. Die Schale der Bio-Gurke hält die Cups zusammen und gibt ihnen außerdem eine herzhafte Würze.

LACHSTATAR MIT AVOCADO

1 Das Lachsfilet waschen, gut trocken tupfen, sehr fein hacken und in eine Schüssel geben. Den Saft der Limette auspressen und drei Viertel davon unter den Fisch rühren. Die Frühlingszwiebeln waschen, putzen und das dunkle Grün entfernen. Die Zwiebeln in feine Ringe schneiden, ebenfalls unterrühren.

2 Den Meerrettich schälen und so viel davon auf der Küchenreibe ganz fein raspeln, dass es ½–1 EL (herkömmliche Sorte) oder ½ TL (Wasabi) ergibt. Mit der Sojasauce und dem Sesamöl zu einem würzigen Dressing verrühren und gut unter das Lachstatar mengen.

3 Die Avocados der Länge nach halbieren und die Kerne entfernen. Das Fruchtfleisch mit dem restlichen Limettensaft beträufeln, wenig salzen.

4 **Anrichten:** Das Lachstatar auf die Avocados verteilen, etwas Salz darüberstreuen. Nach Belieben mit dem Lachskaviar garnieren.

300 g Lachsfilet (ohne Haut)
1 Limette | 4 Frühlingszwiebeln
1 Stück Meerrettich oder Wasabi-Meerrettich (etwa 5 cm)
2 EL Sojasauce
1 TL kalt gepresstes Sesamöl
2 Avocados
½ TL feines Salz (z. B. rosafarbenes Himalaya-Salz)
2 EL roher Lachskaviar (nach Belieben)

Für 4 Personen
Zubereitung: 20 Min.
Pro Portion: 450 kcal, 20 g EW, 40 g F, 3 g KH

INFOS

Bei diesem Rezept kann der Lachs ruhig etwas Schärfe vertragen. Wenn Sie die Möglichkeit haben, frischen Wasabi-Meerrettich zu bekommen, würde er hier sehr gut passen (ich habe meine Wurzel einem japanischen Restaurant abgekauft) – er hat noch wesentlich mehr Feuer und Intensität als der herkömmliche Meerrettich. Geschälter frischer Meerrettich lässt sich übrigens sehr gut einfrieren und mit einer guten Reibe auch tiefgefroren reiben.

Kaviar im Glas ist immer pasteurisiert – ganz egal ob er vom Lachs, Stör, Seehasen oder der Forelle kommt. Kaviar, der in der Blechdose angeboten wird, ist roh, nur eingesalzen. Viele Fischhändler können Lachskaviar (Ketakaviar) auch als Rohware besorgen, die preislich nicht erheblich teurer ist als die pasteurisierte.

THUNFISCHTATAR
MIT AVOCADO UND SHIITAKE

Fisch und Pilze harmonieren sehr gut miteinander – beste Voraussetzung für dieses Rezept. Die Shiitake-Pilze können Sie entweder bereits getrocknet kaufen oder im Dörrautomaten selbst trocknen. Fein gerieben runden sie dieses einfache Tatar prima ab.

1 Avocado
1 Limette
1 Kästchen Shiso-Kresse (ersatzweise Gartenkresse)
Salz | schwarzer Pfeffer
1 kleines Bund Rucola
200 g Thunfischfilet (ohne Haut)
2 Frühlingszwiebeln
4 getrocknete Shiitake-Pilze

Für 4 Personen
Zubereitung: 25 Min.
Pro Portion: 260 kcal, 13 g EW, 22 g F, 3 g KH

1 Die Avocado halbieren und den Kern entfernen. Das Fruchtfleisch mit einem Löffel aus den Schalen schaben und in einen großen Mörser geben. Den Saft der Limette auspressen und die Hälfte davon zur Avocado gießen, zusammen zu einem grobstückigen Püree zerkleinern.

2 Die Shiso-Kresse abbrausen, trocken tupfen, vom Beet schneiden und unter das Avocadopüree rühren. Mit Salz und Pfeffer würzen. Den Rucola verlesen, abbrausen, trocken schütteln und nach Belieben zerkleinern.

3 Das Thunfischfilet waschen, gut trocken tupfen, sehr fein hacken und in eine Schüssel geben. Den restlichen Limettensaft unter den Fisch rühren. Frühlingszwiebeln putzen, waschen und das dunkle Grün entfernen. Die Zwiebeln in feine Ringe schneiden und ebenfalls unterrühren. Das Tatar mit Salz und Pfeffer würzen.

4 **Anrichten:** Den Rucola jeweils in der Mitte von vier Tellern verteilen. Nacheinander darüber einen Metallring (etwa 6 cm Ø) legen, das Avocadopüree einfüllen und glatt verstreichen, Thunfischtatar darauf verteilen. Den Metallring entfernen. Die Shiitake-Pilze mit einer feinen Reibe über das Gericht und die Teller reiben.

TIPPS

Die Shiso-Kresse ist etwas würziger als herkömmliche Gartenkresse und sieht zudem recht hübsch aus. Sie bekommen sie im Asialaden, auf dem Wochenmarkt und im gut sortierten Bioladen.

Rucola schmeckt je nach Jahreszeit und Herkunftsland mild-würzig bis sehr pfeffrig. Das Kraut soll den Eigengeschmack des Thunfischs nicht übertönen, deshalb lieber etwas zurückhaltend dosieren.

KLASSISCHES STEAKTATAR

Neben Ceviche ist das klassische Steaktatar mein erklärtes Lieblingsessen. Es ist einfach und schnell gemacht und hat eine gewisse Raffinesse. Sie können es auch mit einem Schuss Cognac (der ist allerdings nicht roh) abschmecken, der die cremige Würzigkeit des Gerichts noch besser zur Geltung bringt. Wenn Sie einen Fleischwolf haben, drehen Sie das Fleisch samt der Anchovis ganz frisch durch (mittlere Lochscheibe verwenden), dann sind die Fischchen gleichmäßig im Tatar verteilt und schmecken nicht vor.

3–4 EL Kapern
2 Schalotten
5 Cornichons
2 Anchovisfilets (in Öl)
4 EL kalt gepresstes Olivenöl
Salz
1–1 ½ EL Worcestersauce
1 EL rohes Tomatenketchup (Seite 125, alternativ herkömmliches Ketchup)
1 EL Sojasauce
2 EL Senfpulver
1 Bund Schnittlauch
600 g Rinderfilet (vom Metzger frisch durch den Fleischwolf drehen lassen)
schwarzer Pfeffer
4 Eigelb (M)

Für 4 Personen
Zubereitung: 20 Min.
Pro Portion: 305 kcal,
33 g EW, 17 g F, 4 g KH

1 Die Kapern fein hacken. Die Schalotten schälen und ebenso wie die Cornichons ganz fein würfeln. Die Anchovis mit 1 EL Olivenöl und 1 Prise Salz in eine kleine Schüssel geben und mit der Gabel zerdrücken.

2 Aus Worcestersauce, restlichem Olivenöl, Tomatenketchup, Sojasauce, Senfpulver und den Anchovis ein cremiges Dressing rühren. Schnittlauch abbrausen, trocken schütteln und in etwas längere Röllchen schneiden.

3 Das durchgedrehte Rinderfilet in einer großen Schüssel mit zwei Gabeln zerpflücken. Dressing mit den Gabeln unterrühren, bis es gleichmäßig verteilt ist. Von Kapern, Schalotten und Cornichons je 1–2 TL für die Garnitur zurückbehalten, den Rest unterrühren. Tatar pikant salzen und pfeffern.

4 **Anrichten:** Das Steaktatar jeweils in der Mitte von vier Tellern verteilen, dabei eventuell einen Metallring (etwa 6 cm Ø) zu Hilfe nehmen und das Tatar rund formen. In die Mitte eine Mulde drücken und je 1 Eigelb hineingeben, wenig salzen. Zurückbehaltene Schalotten, Cornichons und Kapern sowie den Schnittlauch auf dem Rand des Tatars verteilen.

1

2

3

4

FILET-MIGNON-TATAR IN PIKANTER SAUCE

Nicht nur aus Rinderfilet, sondern auch aus der Filetspitze kann man wohlschmeckendes Tatar machen. Hierfür sollte allerdings das Fleisch nicht durch den Wolf gedreht, sondern etwas angefroren mit einem scharfen Messer zu feinstem Schabefleisch verarbeitet werden.

350 g Filet mignon (von der Filetspitze)
1 kleiner heller Radicchio
5 Stängel glatte Petersilie
1 kleine Schalotte
2 EL Kapern
3 EL Mayonnaise (fertig gekauft oder selbst gemacht, Seite 28)
Salz | schwarzer Pfeffer

Für 4 Personen
Zubereitung: 20 Min.
Tiefkühlen: 20 Min.
Pro Portion: 195 kcal,
19 g EW, 12 g F, 1 g KH

1 Das Filet mignon in einen Gefrierbeutel geben und verschließen, etwa 20 Min. in das Tiefkühlfach legen und anfrieren lassen.

2 Dann den Radicchio auf der Arbeitsfläche ein wenig hin- und herrollen, damit sich die Salatblätter leichter vom Kopf ablösen lassen. Die Blätter ablösen, waschen, trocken schleudern und in dünne Streifen schneiden.

3 Die Petersilie abbrausen und trocken schütteln, die Blättchen von den Stängeln zupfen und fein hacken. Die Schalotte schälen und ebenso wie die Kapern fein hacken. Alles in eine Schüssel geben.

4 Das angefrorene Rindfleisch mit einem sehr scharfen Messer hauchdünn aufschneiden, dann in möglichst feine Streifen schneiden und diese winzig klein würfeln. Das geschabte Fleisch mit der Mayonnaise in die Schüssel geben und alles verrühren. Das Tatar mit Salz und Pfeffer würzen.

5 **Anrichten:** Den Radicchio auf vier Tellern oder einer großen Platte auslegen. Darauf das Filet-Mignon-Tatar verteilen, dabei eventuell einen Metallring (etwa 6 cm Ø) zu Hilfe nehmen und das Tatar rund formen.

TIPP

Wichtig bei Tatar ist, dass das Fleisch immer gut gekühlt bleibt, damit es nicht verderben kann. Es empfiehlt sich, Teller oder Platte vor dem Anrichten kurz in das Tiefkühlfach zu stellen.

1 GENMAI MISO MIT CHILI UND LIMETTENSAFT

1 EL Genmai Miso (rohes Miso, aus dem Reformhaus oder Bioladen)
2 Limetten
1 kleine Chilischote
1 kleine Knoblauchzehe
1 TL kalt gepresstes Sesamöl

Für 4–6 Personen
Zubereitung: 5 Min.
Pro Portion (bei 6): 19 kcal, 0 g EW, 1 g F, 1 g KH

Das Genmai Miso in eine kleine Schüssel geben. Den Saft der Limetten auspressen, dazugeben und glatt unterrühren.

Die Chilischote waschen, putzen und in möglichst feine Ringe schneiden. Knoblauchzehe schälen und ganz fein hacken. Beides mit dem Sesamöl ebenfalls unter das Genmai Miso rühren.

Die Paste noch mit 2 EL heißem Wasser verdünnen.

Passt gut zu Lachs oder Möhrensticks. Oder mal einen Asiasalat mit diesem Miso abschmecken.

2 REMOULADE

2 Stangen Staudensellerie
2 Frühlingszwiebeln
1 Stück Meerrettich (knapp 1 cm)
1 kleine Knoblauchzehe
1 Zitrone
1 Eigelb (M)
2 EL kalt gepresstes Raps- oder Sonnenblumenöl
½ TL Worcestersauce
1 TL mittelscharfer Senf
1 Spritzer Tabasco oder 1 TL rohes Tomatenketchup (Seite 125, alternativ herkömmliches Ketchup)
Salz

Für 4–6 Personen
Zubereitung: 10 Min.
Pro Portion (bei 6): 45 kcal, 1 g EW, 4 g F, 2 g KH

Die Selleriestangen waschen und putzen, wenn sich dabei Fäden lösen, einfach mit abziehen. Die Selleriestangen ganz fein hacken. Frühlingszwiebeln waschen, putzen und das dunkle Grün entfernen. Zwiebeln in feine Ringe schneiden. Den Meerrettich schälen und fein reiben. Die Knoblauchzehe schälen und fein hacken.

Den Saft der Zitrone auspressen. In einem hohen Rührbecher Eigelb und Öl mit dem Pürierstab aufschlagen. Zitronensaft unterrühren, bis sich eine nicht mehr flüssige Creme gebildet hat. Worcestersauce, Senf, Tabasco oder Ketchup glatt unterrühren, dann die übrigen vorbereiteten Zutaten. Remoulade mit Salz würzen.

Passt zu Sellerie, Kohlrabi, Zucchini oder Möhren und fein dosiert zu rohem Fleisch.

3 TARTARSAUCE MIT MANDELCREME

2 EL Mandeln
1 Prise Salz
1 kleine rote Zwiebel
2 Cornichons
2 EL Kapern
½ kleines Bund Schnittlauch
1 EL grober Senf

Für 4–6 Personen
Zubereitung: 10 Min. | Einweichen: 6 Std.
Pro Portion (bei 6): 36 kcal, 2 g EW, 3 g F, 1 g KH

Mandeln in einer kleinen Schüssel mit kaltem Wasser bedecken und 6 Std. einweichen. Dann durch ein Sieb gießen und dabei das Einweichwasser auffangen.

Die Mandeln mit 2 EL Einweichwasser und dem Salz in einem Standmixer zu einer cremigen Sauce pürieren. Dabei bei Bedarf noch Einweichwasser angießen.

Die Zwiebel schälen und fein hacken. Die Cornichons und Kapern klein würfeln. Den Schnittlauch abbrausen, trocken schütteln und in feine Röllchen schneiden. Alles unter die Sauce rühren und mit dem Senf abschmecken.

Passt zu Möhren, Zucchini und auch Steaks.

4 ROHES TOMATENKETCHUP

2 Tomaten | 2 Datteln
1 Stück Ingwer (etwa 1 cm)
½ rote Chilischote
5 sonnengetrocknete Tomaten (in Öl)
Salz | einige Spritzer Apfelessig

Für 4–6 Personen
Zubereitung: 15 Min.
Pro Portion (bei 6): 29 kcal,
0 g EW, 2 g F, 2 g KH

Frische Tomaten waschen, halbieren, von den Stielansätzen befreien und in einen Standmixer geben.

Datteln halbieren und entkernen. Ingwer schälen und fein reiben. Chili waschen, putzen und klein schneiden. Alles mit den getrockneten Tomaten in den Mixer geben.

Die Zutaten im Mixer fein pürieren und durch ein Passiergerät (Flotte Lotte) oder ein feines Sieb streichen. Ketchup mit Salz und Essig würzen. In ein gründlich gesäubertes Schraubglas füllen, gut verschließen. Haltbarkeit: 2 Wochen im Kühlschrank.

Passt zu Zucchinischiffchen (Seite 151), rundet Virgin Mary (Seite 76) Steaktartar (Seite 120) und Remoulade (Seite 124) fein ab und schmeckt auch zu Pasta.

EIN KLASSIKER VOM FEINSTEN
STEAKTATAR

Der Fleischkenner Andreas Klitsch ist mit dem Restaurant »Aigner« am Gendarmenmarkt eine Institution für Berliner wie auch für Touristen mit Geschmack. Er kocht im besten und leckersten Sinne gutbürgerlich, im gepflegten, freundlichen Rahmen.

In der rohen Küche sind zwei Grundzutaten unverzichtbar, die allerdings gar nichts zum Essen sind. Das eine ist ein gutes Händchen fürs Würzen. Das andere eine überaus penible Küchenhygiene. Beim Umgang mit rohem Fleisch trifft beides in gleichem Maße zu. Ein Steaktatar – neben Kartoffelbrei und Trüffeln einer meiner Lieblingsgerichte – schmeckt dann besonders gut, wenn die Aromen stimmen. Und wenn man bei der Zubereitung nicht absolut sauber und hygienisch arbeitet, dann kann einen ein solches Tatar, eigentlich ein sehr gesundes und leicht verdauliches Essen, wirklich auf den Magen schlagen.

Andreas Klitsch vom Restaurant »Aigner« am Gendarmenmarkt in Berlin setzt sehr gerne Tatar auf die Speisekarte. Seines ist vom Jungbullen. Was das ist?
»Jungbullen sind männliche Rinder zwischen zwölf und 18 Monaten«, erklärt Andreas Klitsch.
Und das Bullenfleisch, das er verwendet, stammt vom Simmentaler Fleckvieh, einer großwüchsigen Rasse des Hausrinds, deren Fleischqualität er für Tatar besonders schätzt. Die Bullen kommen – wie eigentlich das Meiste von seiner Speisekarte – aus dem Umland.
»Die Vielseitigkeit der deutschen Küche«, sagt Klitsch, »ist einfach unerschöpflich«, und das bezieht sich natürlich auch auf die Güte der Lebensmittel und Produkte, mit denen er arbeitet.

Etwa 30 Prozent der Gäste, so schätzt Andreas Klitsch, die Tatar bei ihm bestellen, seien Frauen; längst ist also ein Gericht, was letztendlich nur aus viel rohem Fleisch besteht, keine reine Männersache mehr.

Für sein »Jungbullentatar mit Steinpilzen und Koriandergrün« verwendet Klitsch klassische Tatar-Aromaten wie mittelscharfen Senf, fein gehackte Kapern und Sardellen, fein gewürfelte Zwiebeln und Gewürzgurken sowie ein Ei. Doch dann würzt er mit fein gehacktem Koriander, Schnittlauchröllchen und einem guten Schuss kalt gepresstem Rapsöl und schmeckt mit einigen Spritzern Tabasco ab. Dazu serviert er einen kleinen Salat mit Avocado, Kerbel- und Korianderblättern, Mizuna und Frisée, Baby-Blättchen von der Roten Bete und dem Roten Senf sowie auch einen frischen, festen Steinpilz, den er hauchdünn hobelt.

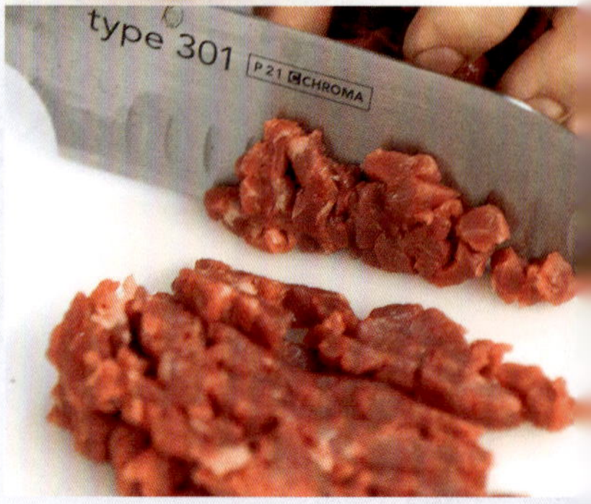

Das Restaurant mit einer unverkennbar berlinerischen Lage direkt am Gendarmenmarkt hat trotz der feinen Küche große Ähnlichkeit mit Wiener Gasthäusern; und die ist keinesfalls zufällig, ist das Berliner »Aigner« doch als Hommage an das berühmte »Café Aigner« in Wien entstanden.

Andreas Klitschs Tatartipps:

• Das Fleisch für Tatar sollte zwei bis drei Wochen nach der Schlachtung reifen können, erst dann hat es die richtige Konsistenz sowie auch das richtige Aroma.
• Die Fleischqualität macht ein gelungenes Tatar aus. Zudem sollte es frei von sichtbarem Fett sein; selbst der Gesetzgeber erlaubt nur bis zu sechs Prozent Fett für ein Tatar.
• Alle Zutaten müssen frisch und gut gekühlt sein.
• Das Tatar nicht übermäßig lang mischen oder hacken, sonst wird es matschig.
• Tatar nach dem Zubereiten unbedingt noch zehn Minuten durchziehen lassen. In der Zeit entwickeln sich die ätherischen Öle der Gewürze. Erst dann endgültig abschmecken.

AIGNER
am Gendarmenmarkt
Französische Straße 25
10117 Berlin

Chefkoch:
Andreas Klitsch

www.aigner-gendarmenmarkt.de

FINGERFOOD

Feigen mit Bresaola vom Teller, Erbsen-Minze-Püree vom Löffel, Matjesröllchen vom Spieß, Salatwraps aus der Hand – jetzt kann die Party losgehen. Diese feinen Häppchen sind ideal, um viele Leute schnell und einfach zu verwöhnen – und das ganz ohne Kochen. Aber auch als Snack für zwischendurch kann man sich Avocadobällchen, gebeizten Lachs, Rohmilchkäse mit luftgetrocknetem Schinken oder Guacamole schmecken lassen. Extras in diesem Kapitel: Verlockende Salsas und herrlich würzige Dips laden zum Experimentieren ein.

FEIGEN MIT BRESAOLA UND RUCOLA

8 Feigen (grün oder lila)
2 TL flüssiger Honig
schwarzer Pfeffer
1 Bund Rucola
4 Prisen Fleur de Sel
8 hauchdünne Scheiben Bresaola

Für 8 Häppchen
Zubereitung: 10 Min.
Pro Portion: 60 kcal,
7 g EW, 1 g F, 6 g KH

1 Die Feigen vorsichtig waschen und trocken tupfen. Feigen kreuzförmig bis zum Boden ein-, aber nicht durchschneiden. Bei jeder Frucht die Viertel leicht auseinanderdrücken und etwas Honig in die Mitte geben. Mit wenig Pfeffer würzen.

2 Den Rucola verlesen, waschen und trocken tupfen oder schleudern. Dicke und sehr lange Stängel abzwicken. Den Rucola grob hacken und mit Fleur de Sel würzen.

3 **Anrichten:** Den Rucola vorsichtig in die Mitte der Feigen drücken. Jede Feige mit 1 Scheibe Bresaola umwickeln und aufrecht auf Teller oder in kleine Schnapsgläschen setzen.

INFO

Die Süße der Feigen, hier noch verstärkt durch Honig, passt erstklassig sowohl zu salzigen wie auch zu pfeffrigen Aromen – und das bieten luftgetrockneter Bresaolaschinken und Rucola. Für einen rundum gelungenen Geschmack unbedingt frische, gut gereifte Feigen nehmen. Die gibt es sowohl im späten Frühjahr wie auch im frühen Herbst zu kaufen.

ERBSEN-MINZE-PÜREE

1 Die Minzeblättchen abbrausen, trocken tupfen und fein hacken. Den Saft der Orange auspressen. Die Erbsen mit einer Gabel etwas zerdrücken.

2 Die Hälfte der Minze mit dem Orangensaft, den Erbsen und dem Öl in einen hohen Rührbecher geben und mit dem Pürierstab zu einem feinen Püree zerkleinern. Mit Salz und Pfeffer würzen, übrige Minze unterrühren.

3 **Anrichten:** Das Erbsen-Minze-Püree auf 20 kleine Löffel verteilen.

4–8 Minzeblättchen
1 Orange
150 g ausgepalte Erbsen (das sind etwa 500 g Schoten)
3 EL kalt gepresstes Oliven- oder Traubenkernöl
Salz | schwarzer Pfeffer

Für 20 Häppchen
Zubereitung: 20 Min.
Pro Portion: 20 kcal, 0 g EW, 2 g F, 1 g KH

INFOS

Minze wird gerne üppig für Deko-Zwecke verwendet, weil sie so hübsch aussieht. Aber man kann sie schnell überdosieren, da ihr Geschmack recht intensiv ist. Mittlerweile gibt es aber Neuzüchtungen mit zarterem Aroma wie die fruchtige Ananasminze oder die tatsächlich an Erdbeeren erinnernde Erdbeerminze, die sich beide sehr gut für das Würzen und Garnieren von Süßem eignen. Die Zitronenminze mit ihrer Zitrusnote passt gut zu Pikantem wie diesem einfachen Gericht.

Das A und O für dieses Püree sind zuckersüße Erbsen. Achten Sie beim Kauf auf flache Schoten: Je praller die Schoten sind, desto dicker sind dann zwar die Erbsen, aber sie schmecken auch nicht mehr süß, sondern haben eine Bitternote, die erst beim Kochen verschwindet.

Das Püree schmeckt nicht nur pur sehr gut, sondern auch zu gebeiztem Lachs und, wenn Sie nicht komplett roh essen wollen, zu Mozzarella.

VIETNAMESISCHE SALATRÖLLCHEN MIT SCHARFER ERDNUSSSAUCE

Diese mit reichlich asiatischen Kräutern gefüllten Salatrollen sind richtige Aromabomben: Leicht nach Lakritze schmeckendes Thai-Basilikum, superwürziges Koriandergrün und herb-erfrischende Thai-Minze geben hier den Ton an. Wem das doch zu viel des Guten sein sollte, entscheidet sich für ein Kraut oder nimmt einfach weniger.

FÜR DIE ROLLEN

50 g Glasnudeln
1 junge Möhre
1 Avocado
1 kleines Bund Thai-Basilikum
1 Bund Koriandergrün
1 kleines Bund Thai-Minze
1 Kopfsalat

FÜR DIE SAUCE

2 Limetten
2 EL Reisessig
3 EL Erdnussbutter (fertig gekauft oder selbst gemacht als rohe Variante, siehe Tipp Seite 135)
1 kleine Knoblauchzehe
2 kleine Chilischoten
4 Frühlingszwiebeln
Salz

Für 12 Häppchen
Zubereitung: 1 Std.
Pro Portion: 95 kcal,
2 g EW, 7 g F, 5 g KH

1 Für die Rollen die Glasnudeln in kaltem Wasser nach Packungsangabe quellen lassen. Dann in ein Sieb abgießen, sehr gut abtropfen lassen und in eine Schüssel geben. Die Nudeln mit einer Küchenschere mehrfach durchschneiden; so lassen sie sich später besser essen.

2 Die Möhre schälen, quer halbieren und dann längs in ganz feine Streifen schneiden. Die Avocado der Länge nach halbieren und vom Kern befreien. Fruchtfleisch mit einem großen Löffel im Ganzen aus den Schalenhälften heben und längs in 12 Spalten schneiden. Kräuter abbrausen und trocken schütteln, die Blättchen von den Stängeln zupfen. Die Salatblätter vom Kopf lösen, 12 schöne, große Blätter abbrausen und trocken tupfen (die restlichen Blätter anderweitig verwenden).

3 Für die Sauce den Saft der Limetten auspressen und mit Reisessig und Erdnussbutter cremig verrühren. Den Knoblauch schälen und fein hacken. Chilischoten waschen, putzen und in feine Ringe schneiden. Die Frühlingszwiebeln waschen, putzen und das dunkle Grün entfernen. Die Zwiebeln in feine Ringe schneiden. Alles unter die Sauce mischen, mit Salz würzen.

4 Die Salatblätter auf der Arbeitsfläche auslegen und jeweils in der Mitte ein bisschen von Glasnudeln, Möhre, Avocado und Kräutern verteilen. Die Blätter über die Füllung schlagen und dann von einer Seite her aufrollen. Eventuell mit Holzspießchen verschließen.

5 **Anrichten:** Die Erdnusssauce in ein Schälchen füllen und auf eine große Platte stellen. Die Salatröllchen daneben anrichten. Jeder kann sich nun selbst bedienen und die Röllchen in die Sauce dippen.

WÜRZIGE FISCHHÄPPCHEN

400 g Heilbutt- oder Kabeljaufilet
1 Zitrone | 1 kleine Knoblauchzehe
Salz | schwarzer Pfeffer
100 g Radieschenpickles (Seite 44)
1 rote Zwiebel | 1 Bund Schnittlauch
1 Bund Petersilie | 8 Salatblätter

Für 8 Häppchen
Zubereitung: 20 Min.
Marinieren: 2 Std.
Pro Portion: 50 kcal,
10 g EW, 2 g F, 1 g KH

1 Das Fischfilet waschen und gut trocken tupfen. Filet fein würfeln oder in etwa 2 cm große Stücke schneiden, in eine flache Form geben.

2 Den Saft der Zitrone auspressen. Knoblauch schälen, grob schneiden, mit etwas Salz bestreuen und mit einer Gabel fein zerdrücken. Beides verrühren und mit Pfeffer würzen. Die Marinade über den Fisch gießen. Radieschenpickles in einem Sieb abtropfen lassen und unter den Fisch mischen. Abgedeckt im Kühlschrank etwa 2 Std. durchziehen lassen, abschmecken.

3 Zwiebel schälen, in feine Ringe schneiden und in kaltem Wasser 5 Min. wässern, abgießen und trocken tupfen. Kräuter abbrausen, trocken schütteln und fein hacken. Salatblätter abbrausen und trocken tupfen.

4 **Anrichten:** Die Salatblätter nebeneinander auf der Arbeitsfläche auslegen. Jeweils in der Mitte Fisch, Zwiebel und Kräuter verteilen. Die Salatblätter über die Füllung schlagen und dann von einer Seite her zu Wraps aufrollen oder zu Päckchen binden (dafür dann Schnittlauchhalme verwenden.)

TIPP

Wenn Sie nicht komplett roh essen möchten, können Sie den Fisch statt in große Salatblätter auch in Tacoshells (vorher nach Packungsanweisung erwärmen) füllen. Dann passen noch ein Hauch Kreuzkümmel und ein wenig Chilischärfe in die Marinade.

SALATWRAPS MIT KRÄUTERMETT

6 getrocknete Pilze (z. B. Shiitake)
1 Limette | 1 Knoblauchzehe
1 Chilischote | 100 ml Sojasauce
3 EL Erdnussbutter (fertig gekauft oder selbst gemacht, siehe Tipp)
1 Kopfsalat
1 Bund Koriandergrün
1 kleines Bund Frühlingszwiebeln
250 g Thüringer Mett
1 TL kalt gepresstes Sesamöl
schwarzer Pfeffer

Für 12 Häppchen
Zubereitung: 40 Min.
Pro Portion: 135 kcal, 5 g EW, 11 g F, 3 g KH

1 Für die Wraps Pilze 20 Min. in lauwarmem Wasser quellen lassen. Dann im Sieb abtropfen lassen, dabei das Einweichwasser auffangen. Die Pilze fein hacken.

2 Zwischendurch für die Sauce Saft der Limette auspressen. Knoblauch schälen, Chili waschen und putzen, beides fein hacken. Alles mit 80 ml Sojasauce und der Erdnussbutter in einen hohen Rührbecher geben und mit dem Pürierstab fein zu einer dickflüssigen Sauce pürieren.

3 Salatblätter vom Kopf lösen, 12 schöne, große Blätter abbrausen und trocken tupfen (restliche Blätter anderweitig verwenden). Das Koriandergrün abbrausen und trocken schütteln, die Blättchen von den Stängeln zupfen und fein hacken. Die Frühlingszwiebeln waschen, putzen und das dunkle Grün entfernen. Die Zwiebeln in feine Ringe schneiden.

4 Das Thüringer Mett mit Pilzen, Frühlingszwiebeln, Sesamöl und restlicher Sojasauce vermengen, mit Pfeffer würzen.

5 Salatblätter auf der Arbeitsfläche auslegen und dünn mit Mett bestreichen, mit Koriander bestreuen. Die Blätter über die Füllung schlagen und dann wie eine Zigarre aufrollen.

6 **Anrichten:** Salatwraps auf einer länglichen Platte anrichten. Die Sauce in Schüsselchen füllen. Beides zusammen servieren, sodass jeder seinen Wrap in die Sauce dippen kann.

GEHÖRT DAZU: ROHE »ERDNUSSBUTTER«

Dafür 300 g ungeröstete Erdnüsse, 1 TL Salz, 1 EL flüssigen Honig und 1–2 EL kalt gepresstes Raps- oder Sonnenblumenöl im Standmixer glatt pürieren. In ein gründlich gesäubertes Schraubglas füllen und gut verschließen. Haltbarkeit: 1–2 Wochen im Kühlschrank. Auch gut für die Erdnusssauce auf Seite 132.

AVOCADOBÄLLCHEN IM TOMATENMANTEL MIT PIMIENTOS

Pimientos de Padrón sind unreif geerntete, kleine grüne Paprikaschoten mit einem Hauch von Schärfe. Meist werden die Schoten gegrillt, aber ihr Aroma ist auch roh unübertrefflich – wie diese Bällchen beweisen. Aber nicht nur geschmacklich überzeugen die Häppchen, sie sehen zudem hübsch aus – vor allem wenn Sie Kirschtomaten unterschiedlicher Farbe nehmen.

8 große Kirschtomaten
3–4 kleine Pimientos de Padrón (Bratpeperoni)
3 EL Pistazienkerne
1 EL kalt gepresstes Olivenöl
½ TL Fleur de Sel
8 große Basilikumblätter
1 Avocado

Für 8 Häppchen
Zubereitung: 30 Min.
Pro Portion: 110 kcal, 2 g EW, 11 g F, 2 g KH

1 Die Tomaten waschen und mit einem Kugelausstecher vorsichtig von der der Stielseite her aushöhlen (eventuell von den Tomaten vorher noch einen kleinen flachen Deckel abschneiden). Mit den Öffnungen nach unten auf die Arbeitsfläche stellen und kurz abtropfen lassen.

2 Die Pimientos putzen, waschen und grob hacken. Mit den Pistazien, dem Olivenöl und dem Fleur de Sel im elektrischen Blitzhacker zu einem feinen Püree verarbeiten. Die Tomaten mit Basilikumblättern auslegen.

3 Die Avocado halbieren und den Kern entfernen. Aus dem Fruchtfleisch mit dem Kugelausstecher Bällchen herausschneiden. Die Avocadobällchen im Pimientospüree wenden, dann vorsichtig in die Kirschtomaten schieben (die Basilikumblätter sollen hinterher noch zu sehen sein).

4 **Anrichten:** Die gefüllten Tomaten auf eine Platte legen oder jeweils in ein kleines Glas setzen und diese auf ein Tablett stellen.

TIPP

Optimale Resteverwertung: Das ausgehöhlte Tomatenfleisch samt der Kerne, übrige Avocado und restliches Pimientospüree in einen hohen Rührbecher geben und mit dem Pürierstab fein zerkleinern. Mit Salz und Pfeffer würzen. Als Brotaufstrich oder Dip genießen.

RADICCHIOPÄCKCHEN
MIT ORANGENFILETS, PISTAZIEN UND FENCHEL

Fruchtig, cremig, bitter – so schmecken diese kleinen Vitaminbomben. Wenn Sie es nicht ganz so herb mögen, einfach den milderen hellen Radicchio verwenden.

1 kleiner Radicchio
2 kleine Knollen Fenchel
2 Orangen
100 g Pistazienkerne
2 EL kalt gepresstes Olivenöl
Fleur de sel
schwarzer Pfeffer

Für etwa 15 Häppchen
Zubereitung: 25 Min.
Pro Portion: 60 kcal,
2 g EW, 5 g F, 3 g KH

1 Den Radicchio vorsichtig auf der Arbeitsfläche hin- und herrollen, dann lösen sich die Blätter leichter vom Kopf. Die Blätter ablösen, abbrausen und trocken tupfen. Fenchelknollen waschen, putzen und vom Strunk befreien. Schönes Fenchelgrün für die Garnitur beiseitelegen. Fenchel fein hacken.

2 Über einer Schüssel mit einem scharfen Messer die Schalen der Orangen großzügig abschneiden. Die verbleibende weiße Haut sorgfältig abtrennen. Zum Filetieren nach und nach jedes Fruchtsegment direkt an den beiden Trennhäuten einschneiden, das Fruchtfilet auslösen. Den dabei austretenden Saft in der Schüssel auffangen. Übrige Häute gut ausdrücken.

3 Die Pistazien in einem Mörser zerkleinern (funktioniert nur, wenn der Mörser groß und stabil ist). Alternativ die Pistazien in einen verschließbaren Gefrierbeutel füllen und mit einem Nudelholz zerkleinern. Mit Orangensaft und -filets, Fenchel und Olivenöl vermischen. Die Füllung mit Fleur de Sel und Pfeffer würzen.

4 Die Radicchioblätter nebeneinander auf der Arbeitsfläche auslegen und die Füllung darauf verteilen. Nach Belieben die Blätter über die Füllung klappen und mit Holzspießchen fixieren.

5 **Anrichten:** Die Radicchiopäckchen auf eine Platte setzen und mit Fenchelgrün garnieren.

SELBST GEBEIZTER LACHS MIT WODKA UND ROTER BETE

Lachs selbst zu beizen, ist keine Herausforderung, sondern ganz leicht gemacht. Und das Beste dabei: Sie können den Graved Lachs danach auf unterschiedlichste Weise servieren – im Salatgurken-Cup (Seite 116), mit »Zucchinispaghetti« (Seite 34), als Lachsröllchen (Seite 142), ... Oder Sie reichen ihn einfach nur zu einer feinen Dill-Senf-Sauce.

FÜR DEN LACHS

2 Rote Beten
2 gleich große Stücke Lachsfilet (etwa 1 ½ kg, aus dem Mittelstück geschnitten, mit Haut)
4 EL Wodka
Salz | schwarzer Pfeffer

FÜR DIE SAUCE

1 Bund Dill
2 EL mittelscharfer Senf
100 ml kalt gepresstes Raps- oder Sonnenblumenöl
2 EL flüssiger Honig
Salz

ZUM ANRICHTEN

ein paar Salatblätter

Für etwa 30 Häppchen
Zubereitung: 25 Min.
Beizen: 2 Tage
Pro Portion: 150 kcal, 10 g EW, 10 g F, 3 g KH

1 Für den Lachs die Roten Beten waschen, schälen und mit einer Mandoline oder einem stabilen Gemüsehobel in hauchdünne Scheiben schneiden. Dabei möglichst Einweghandschuhe tragen, da die Beten stark färben.

2 Lachsfilets auf die Arbeitsfläche legen. Mit den Fingern die Mittelgräte entlangfahren und nach Gräten tasten, die dort oft noch feststecken. Gräten mit einer Pinzette herausziehen. Filets abbrausen, trocken tupfen und mit der Hautseite nach unten nebeneinander auf ein großes Stück Frischhaltefolie legen. Lachs mit Wodka beträufeln, großzügig mit Salz und Pfeffer bestreuen und mit den Rote-Bete-Scheiben belegen. Lachsfilets zusammenklappen und fest mit der Frischhaltefolie umwickeln, dann noch in Alufolie einschlagen. Lachs in eine Schüssel legen, beschweren (etwa mit Konservendosen) und 2 Tage im Kühlschrank beizen, dabei morgens und abends wenden.

3 Dann für die Sauce Dill abbrausen und trocken schütteln, Dillspitzen abzupfen und fein hacken. Mit den restlichen Zutaten mit dem Pürierstab cremig pürieren. Lachs auswickeln und die Beten entfernen. Die Haut vom Lachs abziehen und die bräunliche Schicht zwischen Haut und Fleisch mit einem Messer abkratzen.

4 **Anrichten:** Eine große Platte oder flache Schüssel mit den Salatblättern auslegen. Den Lachs entweder quer in ½ cm dicke Scheiben schneiden und auf die Salatblätter legen. Oder den Lachs möglichst schräg längs in hauchdünne Scheiben schneiden, zu Rollen drehen und dann auf den Salat legen. Die Dill-Senf-Sauce in Schälchen füllen und dazustellen.

TIPP

Die Rote Bete färbt die obere Schicht des Fischfilets fast dunkelrot ein, der untere Teil bleibt lachsrosa – das gibt einen schönen Kontrast.

1

2

3

4

RÖLLCHEN MIT ZWEIERLEI LACHS

Wer rohen Fisch noch nie probiert hat, für den sind diese Lachsröllchen ein perfekter Einstieg. Die Füllung besteht aus fein gehacktem und in Limettensaft appetitlich-frisch mariniertem rohen Lachsfilet, das dann mit hauchdünn geschnittenem Graved Lachs umwickelt wird. Die einfachsten Dinge sind eben oft auch die besten.

300 g rohes Lachsfilet (ohne Haut)
1 Limette
Salz | schwarzer Pfeffer
1 kleines Bund Schnittlauch
6 dünne Scheiben gebeizter Lachs (Graved Lachs, fertig gekauft oder selbst gemacht, siehe Seite 140)

Für 12 Häppchen
Zubereitung: 20 Min.
Marinieren: 1 Std.
Pro Portion: 95 kcal,
9 g EW, 7 g F, 0 g KH

1 Den rohen Lachs abbrausen, trocken tupfen, ganz fein hacken und in eine Schüssel geben. Den Saft der Limette auspressen und zwei Drittel davon über den Lachs träufeln. Tatar mit wenig Salz und Pfeffer würzen und abgedeckt etwa 1 Std. im Kühlschrank durchziehen lassen.

2 Dann den Schnittlauch abbrausen, trocken schütteln und die Hälfte davon in feine Röllchen schneiden. Lachstatar in ein Sieb geben und kurz abtropfen lassen, die Schnittlauchröllchen und den restlichen Limettensaft unterrühren. Das Tatar bei Bedarf noch leicht nachwürzen.

3 Die Graved-Lachs-Scheiben längs halbieren. Etwas Lachstatar auf jedes Graved-Lachs-Stück setzen und die Scheiben zu Röllchen aufrollen. Fertige Lachsröllen mit dem übrigen Schnittlauch dekorativ umwickeln und binden.

4 **Anrichten:** Für das Büfett die Lachsröllchen in große Suppenlöffel aus Porzellan (aus dem Asialaden) setzen.

TIPP

Wenn es einmal nicht roh sein soll: Noch ein wenig Crème fraîche zum Lachstatar geben, und Sie haben die perfekte Füllung für Maistortillas oder Eierpfannkuchen. Die Füllung können Sie dann ruhig etwas stärker würzen.

MATJES MIT WEISSEM PORTWEIN UND REISWEINESSIG

1 Schalotte | 1 Möhre
4 Matjesfilets
60 ml weißer Portwein
1 EL Reisweinessig
Salz | schwarzer Pfeffer
2 Lorbeerblätter

Für 12 Häppchen
Zubereitung: 15 Min.
Marinieren: 4 Std.
Pro Portion: 80 kcal,
4 g EW, 6 g F, 1 g KH

1 Die Schalotte schälen und in feine Ringe schneiden. Die Möhre schälen und in feine Streifen oder hauchdünne Scheiben schneiden.

2 Matjesfilets auf die Arbeitsfläche legen. Mit den Fingern die Mittelgräte entlangfahren und nach Gräten tasten, die dort oft noch feststecken. Sie sind zwar nur klein und auch nicht dick, aber besser schmecken Matjes grätenfrei. Die Gräten mit einer Pinzette herausziehen. Die Matjesfilets längs dritteln und in eine Schüssel geben, daneben Schalotte und Möhre legen.

3 Den Portwein und Reisweinessig verrühren und über die Zutaten in der Schüssel gießen, salzen und pfeffern. Die Lorbeerblätter halbieren und dazugeben. Abgedeckt etwa 4 Std. im Kühlschrank durchziehen lassen.

4 Vor dem Servieren marinierten Fisch sowie Schalotte und Möhre nochmals durchmischen und abschmecken. Die Lorbeerblätter entfernen.

5 **Anrichten:** Die Matjesfilets mit Möhre und Schalotte zu kleinen Röllchen wickeln und mit Holzspießchen feststecken. Die Matjesröllchen auf eine Platte legen oder griffbereit in kleine Schnapsgläser hängen.

INFO

Weißer Portwein ist nicht roh, aber er gibt diesem Gericht auf simple und völlig unaufwendige Weise den Pfiff.

MATJES MIT HIMBEERSALSA

1 Die Himbeeren verlesen, nur falls nötig abbrausen und trocken tupfen. Die Schalotte und den Knoblauch schälen und fein hacken. Alles mit Öl, Agavendicksaft und dem Himbeeressig mit dem Pürierstab zu einer cremigen Sauce mixen. Die Salsa nach Wunsch noch durch ein feines Sieb streichen, um die Himbeerkerne zu entfernen.

2 Matjesfilets auf die Arbeitsfläche legen. Mit den Fingern die Mittelgräte entlangfahren und nach Gräten tasten, die dort oft noch feststecken. Sie sind zwar nur klein und auch nicht dick, aber besser schmecken Matjes grätenfrei. Gräten mit einer Pinzette herausziehen, Filets quer in dünne Streifen schneiden.

3 Die Matjesfilets mit der Himbeersalsa in eine Schüssel geben. Mit Salz und Pfeffer würzen, gut verrühren. Abgedeckt etwa 4 Std. im Kühlschrank durchziehen lassen.

4 **Anrichten:** Die Matjes auf Mini-Tellern servieren. Kleine Spießchen mit auf die Teller legen, damit man die Filetstücke gleich aufpiken kann.

200 g Himbeeren
½ Schalotte
1 kleine frische Knoblauchzehe
1 EL kalt gepresstes Raps- oder Sonnenblumenöl
1 TL Agavendicksaft
1 TL Himbeeressig
4 Matjesfilets
Salz | schwarzer Pfeffer

Für etwa 12 Häppchen
Zubereitung: 15 Min.
Marinieren: 4 Std. Marinieren
Pro Portion: 105 kcal,
4 g EW, 7 g F, 6 g KH

TIPPS

Vielleicht etwas ungewöhnlich, aber richtig klasse: Die Himbeeren krönen die Matjes mit einem fruchtigen Frische-Kick.

Himbeeressig zählt eigentlich nicht zu den rohen Zutaten. Möchte man aber komplett roh essen, ersetzt man ihn einfach durch rohen Reisessig.

FÜR WAHRE LIEBHABER
AUSTERN

Dass Austern nix für Schicki-Mickis sind, sondern für echte Kerle, stellt Holger Zurbrüggen gerne unter Beweis. Schon bei der ersten Auster wurde er süchtig und hat sie bis heute, natürlich saisonal gebunden, immer auf der Speisekarte.

»Der muss ein sehr tapferer Mann gewesen sein«, so ein englisches Sprichwort, »der die Auster zum ersten Mal probierte.« Denn tatsächlich kann man sich nicht vorstellen, dass sich hinter dieser zwar sehr dekorativen, aber auch recht unzugänglichen und irgendwie seltsam aussehenden Schale etwas so Köstliches verbirgt.

Wobei köstlich vielleicht nicht das richtige Wort ist für die Auster. Da kaum etwas Gerne-Esser so sehr spaltet wie die Austern-Frage. Austern nur ganz gut zu finden, das geht nicht. Entweder mag man dieses konzentrierte Aroma von Meer und Salz auf der Zunge oder man findet die Konsistenz der Auster und ihren Geschmack einfach fürchterlich.

Interessanterweise ist es noch gar nicht so lange her, da galten Austern als Arme-Leute-Essen. Der berühmte Charles Dickens schrieb in seinem Roman »Die Pickwickier« sogar: »Austern und Armut scheinen immer Hand in Hand zu gehen.« Doch dann wurden japanische Felsenaustern nach Europa importiert. Zu spät erkannte man, dass sie mit Viren befallen waren. Im späteren 19. Jahrhundert hatten diese Bonamia-Viren die riesigen natürlichen Austernbestände an Europas Küsten völlig ausgerottet. Austern wurden selten. Und zu dem, was sie heute sind: Luxus.

Und das ist schade.

Auch der Ku'damm-Koch Holger Zurbrüggen hat seine erste Auster nicht etwa in einem exquisiten Sternerestaurant gegessen, sondern in der »Siedlerklause« in seiner Heimatstadt Greven.
»Ein richtig gutbürgerliches Restaurant war das«, erinnert sich Zurbrüggen stolz, »es gehörte damals meinem Bruder, und da haben wir uns dran gewagt.«
Er selbst ist eher Purist, wenn's um Austern geht. »Ich würde sie kühl auf Crushed Ice servieren«, sagt er, aber viele seiner Gäste bestellen Austern, für die Zurbrüggens Restaurant »Balthazar« stadtweit bekannt ist, überbacken, etwa mit einer Sauce hollandaise zu Spinat.

Es gibt sechs wichtige Austernsorten, die dann nach ihrem Herkunftsort oder der Herkunftslandschaft bezeichnet werden. In Europa sind es die Europäische Auster und die Portugiesische Auster. Zu Ersterer gehören: französische Belon, Marennes, Gravettes d'Arcachon und Englands Whitstable und Colchester. Die bekannteste Portugiesische Auster ist sicherlich die Fin de Claires, die in speziellen Becken gemästet (das heißt wirklich so) wird. Die absolute Lieblingsauster von Holger Zurbrüggen ist jedoch eine Deutsche, die Sylter Royal, eine Europäische Felsenauster. »Ich habe mal auf Sylt gekocht und diese Austernsorte dort sehr schätzen gelernt.«

Holger Zurbrüggens Austerntipps:

- Beim Kauf geht's los. Die Austern müssen absolut fest verschlossen sein. Sonst droht eine Lebensmittelvergiftung.
- Bewahren Sie Austern unbedingt kühl auf und vermeiden Sie direkte Sonneneinstrahlung oder auch eine andere Wärmequelle.
- Kaufen Sie Austern nicht auf Vorrat, sondern immer nur für den direkten Verzehr.
- Investieren Sie in ein Austernmesser. Die gibt es für relativ wenig Geld im Fachhandel. Damit gelingt das Öffnen leichter. Bei korrektem Handling beschädigt das Austernmesser überdies nicht die Austernschale; denn nichts ist unangenehmer als Schalenstückchen in der Auster. Ein herkömmliches Messer würde nur verkanten und bald unbrauchbar sein.
- Am besten wäre es, einen Kettenhandschuh zu tragen, wenn Sie die Auster öffnen. Ein Austernmesser kann nämlich recht leicht von der Schale abrutschen, erst recht, wenn man ungeübt ist. Alternativ tut es ein dickes Küchentuch – doppelt oder dreifach gefaltet –, mit dem Sie die Auster festhalten und stabilisieren und gleichzeitig Ihre Hand schützen.

Eine Tatsache ist jedoch unbestritten: Austern gehören mit zu den gesündesten Lebensmitteln. Sie haben relativ wenig Kalorien und sättigen doch, und obwohl sie zu 83 Prozent aus Wasser bestehen, sind sie sehr nährstoffreich. Austern enthalten viel Eiweiß und Vitamine, überdies wichtige Mineralstoffe wie Kalium, Eisen, Jodid, Phosphor und Zink. Ob sie auch magische Kräfte besitzen, etwa für die Horizontale, ist wissenschaftlich nicht so leicht messbar.

Restaurant Balthazar
Kurfürstendamm 160
10709 Berlin

Inhaber und Chefkoch:
Holger Zurbrüggen

www.balthazar-restaurant.de

WEINBLÄTTER MIT MAIRÜBCHENFÜLLUNG

Weinblätter bekommen Sie verzehrfertig abgepackt in jedem türkischen oder griechischen Lebensmittelladen. Die Blätter müssen vor dem Verarbeiten nur noch gut kalt abgebraust und abgetrocknet werden, dann kann man sie auch schon füllen – etwa mit den leicht süßlich schmeckenden Mairübchen. Sehr fein!

2 Mairübchen
2 EL kalt gepresstes Olivenöl
8 sonnengetrocknete Tomaten (in Öl)
Salz | schwarzer Pfeffer
12 Weinblätter (in Salzlake)
150 ml Tomatensalsa (Seite 156)

Für 12 Häppchen
Zubereitung: 35 Min.
Pro Portion: 50 kcal,
0 g EW, 5 g F, 1 g KH

1 Die Mairübchen schälen und grob hacken. Mit dem Olivenöl in einen Standmixer geben und grob pürieren. Die Tomaten klein schneiden, in den Mixer geben und alles nochmals pürieren. Die Füllung salzen und pfeffern.

2 Die Weinblätter sorgfältig abbrausen und mit Küchenpapier gut trocken tupfen. Die Blätter nebeneinander auf der Arbeitsfläche auslegen, die Spitzen zeigen dabei nach oben. Bei Bedarf die Stängel abschneiden.

3 Je 2–3 EL Rübchenfüllung in der Mitte der Weinblätter verteilen. Nacheinander die Blätter von unten her wie eine Zigarre aufrollen, dabei zwischendurch die beiden Blattenden rechts und links nach innen umbiegen.

4 **Anrichten:** Die Tomatensalsa auf kleine Schälchen oder in nicht zu hohe Gläser (z. B. türkische Teegläser) verteilen. Weinblattröllchen hineinstecken.

TIPP

Wurzelgemüse wie Mairübchen, Teltower Rübchen oder Rote Beten gehörten früher immer auf den wöchentlichen Speiseplan, denn entweder zog man sie im heimischen Garten selbst oder konnte sie auf jedem Markt kaufen. Dann gerieten die Rüben in Vergessenheit und mussten erst von Köchen aus der gehobenen Küche wiederentdeckt werden. Was fein ist, denn sie schmecken lecker und sie sind vielseitig in der Zubereitung – roh wie gegart. Zudem enthalten sie reichlich Mineralstoffe und haben wenig Kalorien.

1

2

3

4

PASTINAKENPÜREE MIT MAIS

1 große Pastinake
1 kleine Chilischote
2 EL kalt gepresstes Traubenkernöl
Salz | schwarzer Pfeffer
4 Frühlingszwiebeln
1 Maiskolben | 2 EL Mandeln
12 Basilikumblättchen

Für 12 Häppchen
Zubereitung: 15 Min.
Pro Portion: 40 kcal,
1 g EW, 3 g F, 2 g KH

1 Die Pastinake schälen und grob hacken. Die Chilischote waschen, putzen und fein hacken. Beides mit dem Traubenkernöl in einen Standmixer geben und pürieren. Dabei eventuell etwas Wasser dazugießen, das Püree soll eine zart-cremige Konsistenz erhalten. Püree mit Salz und Pfeffer würzen

2 Die Frühlingszwiebeln waschen, putzen und das dunkle Grün entfernen. Die Zwiebeln in feine Ringe schneiden. Den Maiskolben waschen und mit einem scharfen Messer die Maiskörner herunterschneiden, dabei den Kolben senkrecht in eine Schüssel halten.

3 Die Mandeln in einem elektrischen Blitzhacker oder mit einem großen Messer fein hacken.

4 **Anrichten:** Das Pastinakenpüree auf zwölf große chinesische Suppenlöffel verteilen. Die Frühlingszwiebeln und die Maiskörner darauf anrichten. Mit den Mandeln bestreuen und den Basilikumblättchen garnieren.

INFO

Der Spätsommer ist die beste Zeit, um Zuckermais und junge Pastinaken zu kaufen. Das Wurzelgemüse hat dann noch ein sehr mildes Aroma, der Mais schmeckt süß und knackig.

GEFÜLLTE ZUCCHINISCHIFFCHEN

100 g Cashewnüsse
6 sonnengetrocknete Tomaten
2 EL kalt gepresstes Olivenöl
1 Spritzer Himbeeressig
4 kleine Zucchini
8 getrocknete Steinpilze
Salz | schwarzer Pfeffer
50 g Baby-Salatmischung

Für 12 Häppchen
Zubereitung: 15 Min.
Einweichen: 12 Std.
Pro Portion: 85 kcal,
3 g EW, 7 g F, 4 g KH

1 Die Cashewnüsse in einer kleinen Schüssel mit kaltem Wasser bedecken und etwa 12 Std. einweichen. Die getrockneten Tomaten ebenfalls in eine Schüssel geben, mit Wasser bedecken und einweichen.

2 Am nächsten Tag beides in ein Sieb abgießen, dabei das Einweichwasser auffangen. Nüsse und Tomaten mit dem Olivenöl, dem Himbeeressig und 1 EL Einweichwasser in einen Standmixer geben. Alles zu einer nicht zu flüssigen Creme pürieren, dabei bei Bedarf noch Einweichwasser dazugeben.

3 Die Zucchini waschen, putzen und längs halbieren. Das Innere mit einem Löffel vorsichtig herauskratzen und fein hacken. Die getrockneten Steinpilze auf einer Küchenreibe möglichst fein reiben (sehr gut ist hierfür eine Microplane) und mit den gehackten Zucchini unter die Cashewcreme rühren, bis eine relativ feste Füllung entsteht. Salzen und pfeffern.

4 Die Zucchinihälften in etwa 3 cm große Stücke teilen. Den Salat verlesen, waschen, trocken schleudern und grob schneiden.

5 **Anrichten:** Die Zucchinistücke mit dem Salat auslegen, sodass noch Blätter an den Seiten überstehen. Cashewfüllung mit einem Teelöffel einfüllen. Eventuell Holzspießchen an den Seiten der Zucchinischiffchen einstechen, damit sie sich leicht von einem Teller aufnehmen lassen.

TIPP

Die Füllung wird hier mit getrockneten Steinpilzen zubereitet. Sie können aber stattdessen auch 1 frischen Steinpilz putzen, möglichst fein schneiden und unter die Cashewcreme mischen. Steinpilze sind wie Champignons (und Trüffel) roh eine Delikatesse und leicht verdaulich.

ROHMILCHKÄSE
IM LUFTGETROCKNETEN SCHINKEN

Für diese kleinen Häppchen eignet sich der »echte« Camembert de Normandie am besten, der ausschließlich in der französischen Provinz Normandie und nur aus lait cru, Rohmilch, mit einem Fettgehalt von mindestens 45 Prozent hergestellt wird. Namensgeber für diesen Weißschimmelkäse war das kleine Dorf Camembert, in dem er erfunden und entdeckt wurde. Mittlerweile gibt es aber auch zahlreiche weitere Rohmilch-Camembert-Sorten, die ebenfalls fein schmecken.

6 hauchdünne Scheiben luftgetrockneter Schinken
150 g Rohmilch-Camembert
schwarzer Pfeffer
1 Bund Rucola

Für 12 Häppchen
Zubereitung: 10 Min.
Pro Portion: 40 kcal, 5 g EW, 2 g F, 0 g KH

1 Die Schinkenscheiben nebeneinander auf die Arbeitsfläche legen und der Länge nach halbieren, sodass zwölf Schinkenstreifen entstehen. Camembert eventuell von der Rinde befreien, dann in 12 gleich große Stücke teilen und mit wenig Pfeffer würzen.

2 Den Rucola verlesen, waschen und trocken schleudern. 12 festere große Blätter beiseitelegen, den Rest ganz fein hacken.

3 **Anrichten:** Die Camembertstücke im gehackten Rucola wälzen, auf die Schinkenstreifen legen und diese aufwickeln. Jedes Häppchen mit 1 Rucolablatt umwickeln und auf eine Platte legen.

TIPP

Luftgetrockneten Schinken kennen wir vorrangig aus südlichen Ländern. Serrano-, San-Daniele- und Parmaschinken werden wie der sehr vollmundig schmeckende Pata Negra eingesalzen und danach bis zu zwei Jahren luftgetrocknet, ohne geräuchert zu werden. Aber auch in Deutschland, beispielsweise in Westfalen, wird luftgetrockneter Schinken hergestellt. Fragen Sie einfach mal Ihren Metzger danach.

KLASSISCHE MEXIKANISCHE GUACAMOLE

In Mexiko ist dieser aus Avocado zubereitete Dip fast auf jedem Vorspeisenbüfett zu finden, denn in kaum einem anderen Land gibt es eine solch große Vielfalt an Avocadosorten. Zwischen aprikosengroß und genauso rund bis hin zu auberginenähnlich kann man dort auf dem Markt alles kaufen – und jede Sorte ist äußerst aromatisch. Knoblauch kommt darum eher selten in den cremigen Dip, dafür aber frisch geriebene milde weiße Zwiebel. Zum Aroma der Hass-Avocados, die wir in Deutschland meist bekommen, passt frischer Knoblauch allerdings sehr gut.

1 vollreife Avocado (am besten die Sorte »Hass«)
1 Limette
1 Tomate
1 kleine rote Chilischote
1 kleine (frische) Knoblauchzehe
1 kleines Bund Koriandergrün
Salz

Für etwa 200 g
Zubereitung: 10 Min.
Pro Portion: 530 kcal,
5 g EW, 54 g F, 4 g KH

1 Die Avocado halbieren, den Kern entfernen und beiseitelegen (nicht wegwerfen). Das Fruchtfleisch mit einem Löffel aus den Schalenhälften schaben und in eine Schüssel geben. Den Saft der Limette auspressen und die Hälfte davon zur Avocado geben. Das Fruchtfleisch mit einer Gabel grob zermusen, den Avocadokern hineindrücken (so verfärbt sich das Fleisch nicht).

2 Die Tomate waschen und vom Stielansatz befreien. Chilischote waschen und putzen, die Knoblauchzehe schälen. Das Koriandergrün abbrausen und trocken schütteln, Blättchen von den Stängeln zupfen. Alles fein schneiden.

3 Tomate, Chili, Knoblauch und Koriander unter die Avocadomasse rühren. Die Guacamole mit Salz und dem übrigen Limettensaft abschmecken.

4 **Anrichten:** Zum Dippen in Schälchen füllen.

SERVIERTIPPS

Guacamole passt in den Picknickkorb und auf das Büfett, sie kann als Dip für Tacos oder Chips auf den Tisch gestellt werden, schmeckt als Beilage zu Tomaten oder gegrilltem Fleisch, macht sich perfekt als Brotaufstrich und sie toppt als aromatischer Farbklecks eine rohe Gemüsesuppe.

2

3

4

1 TOMATENSALSA

2 Tomaten | 1 rote Chilischote
1 kleine rote Zwiebel
4 Stängel glatte Petersilie
1 Msp. gemahlener Kreuzkümmel (nach Belieben)
2 EL kalt gepresstes Olivenöl
Salz | schwarzer Pfeffer

Für 4–6 Personen
Zubereitung: 10 Min.
Pro Portion (bei 6): 35 kcal, 0 g EW, 3 g F, 1 g KH

Tomaten waschen, von den Stielansätzen befreien, fein hacken. Chilischote waschen, putzen und in feine Ringe schneiden. Die Zwiebel schälen und klein würfeln. Petersilie abbrausen und trocken schütteln, die Blättchen abzupfen und fein hacken.

Alles mit den übrigen Zutaten verrühren und die Salsa abschmecken.

Passt zu Ceviche (Seite 96–112), als Dipp zu gefüllen Weinblättern (Seite 148) und auch zu Pasta oder Reis.

Tipps: Tomaten auf Vorrat. **Haben Sie schon einmal versucht, ein Zuviel an Tomaten einzufrieren, damit sie nicht verderben? Das klappt leider nicht. Aber als Salsa halten sie sich gut verschlossen im Kühlschrank mehrere Tage.**

Kreuzkümmel **mag nicht jeder. In kleiner Dosierung schmeckt er jedoch nicht vor, sondern betont das Aroma der Tomaten. Wenn Sie es dagegen gerne würzig haben, können Sie auch ½ TL des intensiven Gewürzes verwenden.**

2 BRUNNENKRESSESALSA

3 EL Mandeln
1 große Tomate (z. B. Ochsenherz)
1 Bund Brunnenkresse
1 kleines Bund Basilikum
1 kleine Knoblauchzehe
4 EL Kapern
Salz | schwarzer Pfeffer

Für 4–6 Personen
Zubereitung: 10 Min. | Einweichen: 12 Std.
Pro Portion (bei 6): 49 kcal, 2 g EW, 4 g F, 1 g KH

Die Mandeln in einer kleinen Schüssel mit kaltem Wasser bedecken und etwa 12 Std. einweichen. Dann in ein Sieb abgießen, abtropfen lassen und im Mörser fein zerdrücken.

Tomate waschen, halbieren und vom Stielansatz befreien. Mit einem Kugelausstecher oder einem kleinen Löffel die Kerne herauskratzen (und nicht weiter verwenden), das Fruchtfleisch in kleine Würfel schneiden.

Die Brunnenkresse abbrausen, trocken schütteln und grobe Stängel abzwicken. Die Basilikumblättchen von den Stängeln zupfen. Beides zusammen fein hacken. Knoblauch schälen und ebenfalls fein hacken. Die Kapern grob hacken.

Alle vorbereiteten Zutaten vermischen und mit Salz und Pfeffer würzen.

Passt zu Tomaten und als Füllung in ein Ciabattabrot.

Tipp: Brunnenkresse **ist aus der englischen Küche – der »Heimat« dieser Salsa – nicht wegzudenken, ähnlich wie bei uns Rucola. Mittlerweile findet man sie zunehmend auf heimischen Wochenmärkten. Der leicht pfeffrige und sehr aromatische Geschmack des Krauts lässt kaum vermuten, dass Brunnenkresse zu den gemeinhin nicht besonders pfiffig schmeckenden Kohlgewächsen gehört.**

4 SALSA VERDE

1 Bund glatte Petersilie
1 Bund Basilikum | 5 Stängel Minze
1 große Knoblauchzehe | 2 EL Kapern
4 EL kalt gepresstes Olivenöl
1 TL mittelscharfer Senf
1 EL Apfelessig | Salz

Für 4–6 Personen
Zubereitung: 15 Min.
Pro Portion (bei 6): 62 kcal, 0 g EW, 7g F, 0 g KH

Kräuter abbrausen und trocken schütteln, die Blättchen abzupfen und fein hacken, die Petersilienstängel grob hacken.

Den Knoblauch schälen, mit den Kapern fein hacken und unter die fein gehackten Kräuterblättchen rühren.

Petersilienstängel mit Olivenöl in einen hohen Rührbecher geben und mit dem Pürierstab fein zerkleinern. Durch ein Sieb drücken und das Öl auffangen.

Petersilienöl mit Senf, Apfelessig und Salz glatt verrühren. Das Dressing unter die Kräuter ziehen, Salsa abschmecken.

Passt zu rohem (und gegartem) Fleisch und aufs Brot.

3 SPINATSALSA

2 Tomaten | 1 kleine rote Zwiebel
1 Avocado | 200 g Baby-Blattspinat
1 kleines Bund Dill
1 kleine Knoblauchzehe
2 EL kalt gepresstes Raps- oder Sonnenblumenöl
Salz | schwarzer Pfeffer

Für 4–6 Personen
Zubereitung: 20 Min.
Pro Portion (bei 6): 123 kcal, 2 g EW, 12 g F, 1 g KH

Die Tomaten waschen, vom Stielansatz befreien und fein hacken. Die Zwiebel schälen und ganz fein würfeln. Die Avocado halbieren, vom Kern befreien, schälen und ebenfalls klein würfeln. Alles in einer Schüssel vermischen, den Avocadokern hineindrücken (so verfärbt sich das Avocadofleisch nicht).

Den Spinat verlesen, gründlich waschen und trocken schleudern. Den Dill abbrausen und trocken schütteln, die Dillspitzen abzupfen. Knoblauch schälen und fein hacken. Alles in einem Mörser oder Standmixer mit dem Öl pürieren.

Die Spinatsauce mit der Tomaten-Avocado-Mischung verrühren (Kern vorher entfernen), salzen und pfeffern.

Passt zu Rohmilchkäse und Tomaten.

Tipp: Baby-Blattspinat **eignet sich für diese Salsa am besten. Sie können ihn zwischen April und Mai kaufen. Ansonsten möglichst kleine Spinatblätter nehmen und grobe Stiele abzwicken.**

SÜSSES

Ob Praline, Salat, Sorbet oder Eispops – hier spielen herrlich erfrischende Früchte mit intensivem Aroma die Hauptrolle und geben den süßen Sachen Farbe. Ananascarpaccio mit Chili als Nachspeise, Heidelbeer-Nektarinen-Salat auf dem Frühstückstisch oder Kokos-Dattel-Pralinen zum Naschen zwischendurch – nicht nur die Desserts und sonstigen Leckereien sind bunt, sondern auch ihre Einsatzmöglichkeiten. Dabei lassen sie sich völlig unkompliziert zubereiten und sind immer ein Hingucker – so wie süße Sünden sein sollten ...

KOKOS-DATTEL-PRALINEN

Bei diesem Rezept braucht es Hitze! Allerdings wird die nur benötigt, um die harte Schale der Kokosnuss zu knacken und an deren Inhalt zu kommen, gegart wird nichts. Von Kokoswasser und Kokosfleisch wird zwar nur ein Teil benötigt, aber die Mühe des Öffnens lohnt sich – das frische Aroma ist einzigartig. Und: Kokosfleisch lässt sich bestens einfrieren.

1 kleine Kokosnuss
(siehe auch Seite 164)
200 g Cashewnüsse
6 Datteln (z. B. Medjool-Datteln)
300 g Kakaopulver
100 ml Ahornsirup

Für etwa 50 Stück
Zubereitung: 35 Min.
Ruhen: 12 Std.
Pro Portion: 70 kcal,
2 g EW, 5 g F, 3 g KH

1 Den Backofen auf 180° vorheizen. Die »Augen« der Kokosnuss mit einem Bohrer durchstechen, Kokoswasser herausgießen und auffangen. Kokosnuss 15 Min. im Ofen (Mitte) erhitzen. Dann in ein Küchentuch wickeln und mit einem Hammer auf die Nuss schlagen, bis die Schale springt. Schale ablösen und 200 g Kokosfleisch auf der Küchenreibe fein raspeln (Rest anderweitig verwenden, etwa für Mango mit frischen Kokosraspeln, Seite 164).

2 Die Cashewnüsse in der Küchenmaschine oder in einer Nussmühle fein mahlen. Datteln entkernen und fein hacken. Beides mit 200 g Kakao, Kokosraspeln, 2 EL Kokoswasser und Ahornsirup vermengen. Die Masse 12 Std. abgedeckt an einem kühlen Ort (nicht im Kühlschrank!) ziehen lassen.

3 Dann die Arbeitsfläche mit Frischhaltefolie auslegen und den restlichen Kakao daraufstreuen. Nach und nach von der Pralinenmasse mit einem Teelöffel kleine Nocken abstechen, mit den Händen zu Kugeln rollen und im Kakao wälzen. Die Pralinen bis zum Verzehr wieder kühl stellen.

4 **Anrichten:** Die Pralinen zum sofortigen Naschen in Schälchen füllen, zum Verschenken in Cellophantütchen verpacken.

VARIANTE: WHISKEYPRALINEN MIT ORANGENAROMA

Wer je Orangenmarmelade mit 1 Schuss Single Malt Whisky gegessen hat, weiß, dass diese Geschmackskombination einfach unschlagbar ist – auch bei Pralinen: fein abgeriebene Schale von 2 Bio-Orangen und 3 EL Single Malt (rauchig nach Belieben, z. B. Laphroig) vor dem Ziehen unter die Pralinenmasse mischen.

1

2

3

4

PAPAYASCHIFFCHEN MIT HEIDELBEEREN UND EINEM HAUCH PFEFFER

1 große Papaya
2 Bio-Limetten
400 g Heidelbeeren
schwarzer Pfeffer

Für 4 Personen
Zubereitung: 15 Min.
Pro Portion: 111 kcal,
2 g EW, 1 g F, 10 g KH

1 Die Papaya längs halbieren und die Kerne mit einem Löffel herausschaben. Die Hälften schälen und der Länge nach einmal durchschneiden, sodass vier Schiffchen entstehen. Saft 1 Limette auspressen und über die Papaya träufeln.

2 Die Heidelbeeren verlesen, abbrausen, vorsichtig trocken tupfen und in eine Schüssel geben. Mit wenig Pfeffer bestreuen. Die übrige Limette heiß waschen und in kleine Stücke schneiden.

3 **Anrichten:** Die Papayaschiffchen auf eine große Platte oder auf Teller setzen, in die Mulden Heidelbeeren füllen, restliche Beeren zwischen den Schiffchen verteilen. Limettenstücke dazwischen stecken – jetzt kann jeder nach Belieben noch Limettensaft zum Nachwürzen frisch pressen.

TIPPS

Für dieses Dessert eignen sich am allerbesten die riesigen Papayas (eine wiegt bestimmt rund 1 kg), die es mittlerweile in vielen gut sortierten Supermärkten und auf Wochenmärkten zu kaufen gibt. Sind die Früchte nämlich zu klein, werden die Schiffchen nicht groß genug, um richtig gut befüllt werden zu können.

Die Kombination Papaya – Limettensaft – Pfeffer macht dieses Dessert nicht zu süß, es ist herrlich erfrischend und fein-aromatisch. Unbedingt mal probieren!

HEIDELBEER-NEKTARINEN-SALAT

1 Die Heidelbeeren verlesen, abbrausen und vorsichtig trocken tupfen. Die Nektarinen waschen, halbieren, entsteinen und in feine Spalten schneiden.

2 Die Zitronenmelisseblätter abbrausen und trocken tupfen. Den Saft der Limette auspressen und mit dem Honig verrühren.

3 **Anrichten:** Die Nektarinenspalten abwechselnd mit den Heidelbeeren in Gläser schichten, das Limettendressing angießen. Den Salat mit den Melisseblättchen garnieren.

TIPP

Ein Obstsalat kann die einfachste Sache der Welt und zugleich sehr köstlich sein. Bei diesem Rezept isst das Auge wirklich mit, denn der schöne Kontrast zwischen den dunklen lilafarbenen Heidelbeeren sowie dem gelben und zartrosa Fruchtfleisch und der orangenen Schale der Nektarinen ist einfach appetitanregend. So dürften Sie auch jeden Obstmuffel verführen können.

200 g Heidelbeeren
2 weiße Nektarinen
2 gelbe Nektarinen
1 kleine Handvoll Zitronenmelisseblättchen
1 kleine Limette
1 EL flüssiger Honig

Für 4 Personen
Zubereitung: 15 Min.
Pro Portion: 95 kcal,
1 g EW, 0 g F, 21 g KH

MANGO MIT FRISCHEN KOKOSRASPELN UND HIMBEERPÜREE

Frische Kokosnuss und Kokoswasser sind für eine Küche, in der ohne Hitze gekocht wird, fast unverzichtbar. Beides schmeckt nicht zu süß, harmoniert mit pikanten Zutaten und rundet den Geschmack eines Desserts ab. Da lohnt sich doch der Aufwand des Nussknackens, oder?

2 Mangos
200 g Himbeeren
2 EL Pistazienkerne (nach Belieben)
200 g Kokosnussfleisch (z. B. von der Kokosnuss von Seite 160)
1 Limette

Für 4 Personen
Zubereitung: 25 Min.
Pro Portion: 285 kcal, 4 g EW, 21 g F, 18 g KH

1 Das Fruchtfleisch der Mangos der Länge nach rechts und links vom Kern abschneiden. Diese »Bäckchen« mit den Schnittflächen nach oben auf die Arbeitsfläche legen und das Fleisch so bis zur Schale hin einschneiden, dass kleine Würfel entstehen. Mangobäckchen nach unten stülpen, damit sich die Fleischseite nach oben wölben kann und die Fruchtwürfel etwas abstehen. Die Würfel direkt an der Schale abtrennen und in eine Schüssel geben. Das übrige Fruchtfleisch vom Kern schneiden, schälen und in einen Standmixer geben.

2 Die Himbeeren verlesen, nur falls nötig abbrausen und trocken tupfen. Die Beeren ebenfalls in den Mixer geben und mit der Mango fein pürieren. Püree durch ein feines Sieb streichen, um die Himbeerkerne zu entfernen. Eventuell die Pistazienkerne grob hacken und unterrühren.

3 Das Kokosnussfleisch auf der Küchenreibe fein raspeln. Die Limette in Spalten schneiden, etwas Saft über die Kokosraspel pressen und die übrigen Limettenspalten in eine kleine Schüssel geben.

4 **Anrichten:** Das Himbeerpüree auf vier Tellern verstreichen, die Mangowürfel daraufsetzen, Kokosraspel darüberstreuen. Mit den Limettenspalten auf den Tisch stellen, damit jeder nach Wunsch noch etwas mehr Limettensaft verwenden kann.

TIPP

Es gibt zwei einfache Möglichkeiten, eine Kokosnuss zu öffnen:
***1. Variante:** mit Hitze, siehe Seite 160. **2. Variante:** Mit einem großen Hammer entlang einer imaginären Mittellinie gleichmäßig auf die Nuss schlagen, bis sich Sprünge bilden und sich die harte Schale abbrechen lässt.*

ANANASCARPACCIO MIT CHILI

Bei diesem Rezept wird die herrlich fruchtige Süße einer Ananas mit Passionsfrucht und etwas Chilischärfe kombiniert. Damit es auch wirklich ein Geschmackserlebnis wird, unbedingt schön reife Früchte kaufen. Wenn Sie am stacheligen Ende der Ananas einige innen liegende Blätter ganz mühelos herausziehen können, hat sie ein vollmundiges Aroma erreicht. Und die Passionsfrüchte müssen richtig schrumpelig sein.

6 Passionsfrüchte
1 große milde rote Chilischote
2 EL Agavendicksaft
1 Ananas
10 Minzeblättchen

Für 4 Personen
Zubereitung 20 Min.
Pro Portion: 115 kcal,
1 g EW, 0 g F, 25 g KH

1 Passionsfrüchte halbieren und den Saft wie bei einer Zitrone auspressen. Falls ein paar Kerne in den Saft geraten, diesen noch durch ein feines Sieb gießen. Die Chilischote waschen, putzen, längs halbieren, von den Kernen befreien und in ganz feine Streifen schneiden. Passionsfruchtsaft und Chili mit dem Agavendicksaft verrühren.

2 Mit einem großen, scharfen Messer (auch sehr gut: ein Brotmesser) die beiden Enden der Ananas abschneiden. Die Ananas auf eine Schnittfläche stellen und die Schale nach und nach von oben nach unten abschneiden. Falls nötig, »braune Augen« herausschneiden oder mit einem Kugelausstecher entfernen. Die Ananas in möglichst dünne Scheiben schneiden.

3 Minzeblättchen abbrausen, trocken tupfen und ganz lassen, in hauchdünne Streifen schneiden oder fein hacken.

4 **Anrichten:** Die Ananasscheiben auf einer großen Platte auslegen und mit dem Passionsfruchtsaft beträufeln. Die Minze darüberstreuen.

TIPP

Dieses Carpaccio schmeckt nicht nur als Dessert, sondern auch zu pikanten Gerichten. Servieren Sie es doch einmal als Beilage zu Shrimps aus der Pfanne oder gegrillter Schweinelende – Sie werden begeistert sein!

1 HIMBEERSORBET

400 g Himbeeren
½ Zitrone
½ (Bourbon-)Vanilleschote
3 EL Agavendicksaft

Für 4 Personen
Zubereitung: 10 Min. | Tiefkühlen: 3 Std.
Pro Portion: 75 kcal,
1 g EW, 0 g F, 13 g KH

Die Himbeeren verlesen, nur falls nötig abbrausen und trocken tupfen. Einige schöne Beeren für die Garnitur beiseitelegen, Rest in einen Standmixer oder hohen Rührbecher geben.

Den Saft der Zitrone auspressen. Vanilleschote längs einschneiden und das Mark herauskratzen. Saft und Mark mit dem Agavendicksaft zu den Himbeeren geben und im Mixer oder mit dem Pürierstab fein zerkleinern. Dann das Püree durch ein Sieb streichen, um die Kerne zu entfernen.

Das Fruchtpüree in eine flache Form umfüllen und in etwa 3 Std. im Tiefkühlfach gefrieren lassen, dabei immer wieder mit einer Gabel sehr gut durchrühren (mindestens einmal pro Stunde).

Das Sorbet zu Kugeln formen und mit den beiseitegelegten Himbeeren garnieren.

Tipp: Wer mag, kann das Sorbet beim Servieren noch mit einem kleinen Schuss Himbeergeist **aromatisieren.**

2 MANGOSORBET MIT PASSIONSFRUCHT

2 Mangos | 5 Passionsfrüchte
1 EL Agavendicksaft | einige Minzeblättchen
2 EL Mandelsplitter

Für 4 Personen
Zubereitung: 10 Min. | Tiefkühlen: 3 Std.
Pro Portion: 130 kcal, 3 g EW, 5 g F, 18 g KH

Das Fruchtfleisch der Mangos der Länge nach rechts und links vom Kern abschneiden und schälen. Übriges Fleisch am Kern schälen und abschneiden. Mangofleisch hacken und in einen Standmixer oder hohen Rührbecher geben.

Die Passionsfrüchte halbieren und den Saft wie bei einer Zitrone auspressen. Den Saft durch ein feines Sieb gießen, um die Kerne zu entfernen, die Kerne dabei gut ausdrücken. Fruchtmark, das sich unten am Sieb absetzt, abstreichen und mit dem Saft und Agavendicksaft zu den Mangos geben. Im Mixer oder mit dem Pürierstab fein zerkleinern.

Die Fruchtmasse in eine Eismaschine umfüllen und nach Herstellerangaben in etwa 3 Std. cremig gefrieren lassen. Dann die Minze abbrausen und trocken tupfen.

Das Sorbet zu Kugeln formen und mit Minzeblättchen und Mandeln garnieren.

Tipp: Dieses Sorbet schmeckt am besten, wenn man es mit der Eismaschine **zubereitet. Alternativ müssen Sie die Masse wie bei den anderen Sorbets beschrieben einfrieren – dabei aber mindestens zweimal pro Stunde sehr gut durchrühren, damit sie cremig bleibt und sich keine Eiskristalle bilden. Bei manchen Fruchtsorbets stören diese Eiskristalle nicht, aber Mangosorbet gehört leider nicht dazu.**

4 HEIDELBEERSORBET

3 EL Mandeln
300 g Heidelbeeren
½ Zitrone
3–4 EL Agavendicksaft

Für 4 Personen
Zubereitung: 10 Min. | Einweichen: 3 Std.
Tiefkühlen: 3 Std.
Pro Portion: 115 kcal,
2 g EW, 4 g F, 16 g KH

Die Mandeln in kaltem Wasser etwa 3 Std. einweichen, dann in ein Sieb abgießen, dabei das Einweichwasser auffangen.

Heidelbeeren verlesen, waschen und einige schöne Beeren für die Garnitur beiseitelegen. Den Rest mit den Mandeln in einen Standmixer geben. Den Saft der Zitrone auspressen und mit dem Agavendicksaft unterrühren. Alles fein pürieren, dabei bei Bedarf noch Einweichwasser dazugießen.

Das Fruchtpüree in eine flache Form umfüllen und in etwa 3 Std. im Tiefkühlfach gefrieren lassen, dabei immer wieder mit einer Gabel sehr gut durchrühren (mindestens einmal pro Stunde).

Das Sorbet zu Kugeln formen und mit den beiseitegelegten Heidelbeeren garnieren.

3 WASSERMELONENSORBET

¼ Wassermelone (etwa 800 g)
2–3 Limetten
100 ml Ananassaft

Für 4 Personen
Zubereitung: 10 Min. | Tiefkühlen: 3 Std.
Pro Portion: 75 kcal, 1 g EW, 1 g F, 14 g KH

Die Wassermelone von der Schale und den Kernen befreien (Schale nicht wegwerfen!) und in grobe Stücke schneiden. Den Saft der Limetten auspressen.

Wassermelonenstücke, Limetten- und Ananassaft in einen hohen Rührbecher geben und mit dem Pürierstab fein zerkleinern. Oder alles in einem Standmixer pürieren.

Das Fruchtpüree in eine flache Form umfüllen und in etwa 3 Std. im Tiefkühlfach gefrieren lassen, dabei immer wieder mit einer Gabel sehr gut durchrühren (mindestens einmal pro Stunde).

Die Melonenschale waschen und in Schiffchen schneiden. Das Sorbet zu Kugeln formen und mit den Melonenschiffchen garnieren.

Tipp: Haben Sie ein mehrgängiges Menü **geplant? Dieses Sorbet schmeckt sehr gut als Zwischengang, also unbedingt einmal mit einbauen.**

FROZEN FRUIT SALAD MIT WALNÜSSEN

Weintrauben machen richtig was her, wenn man sie kurz ins Tiefkühlfach steckt. Die Kälte verhilft ihnen zu einem Überzug, der an frischen Winterfrost erinnert. Wählen Sie Trauben in Grün, Rosé und Blau – das ergibt ein schönes Farbenspiel. Greifen Sie dabei zu Sorten mit Kernen, die meistens aromatischer schmecken als die ohne, letztere sind vorrangig nur süß.

200 g grüne Weintrauben
200 g roséfarbene Weintrauben
200 g blaue Weintrauben
2 Bananen
1 TL Zitronensaft
1 EL Agavendicksaft
60 g Walnusskerne

Für 4 Personen
Zubereitung: 10 Min.
Tiefkühlen: 20 Min.
Pro Portion: 265 kcal,
4 g EW, 10 g F, 39 g KH

1 Jede Weintraubensorte samt der Stängel in vier Portionen teilen. Trauben abbrausen und auf ein Blech oder eine Platte legen. Für etwa 20 Min. ins Tiefkühlfach geben, bis die Trauben von einer weißen Schicht überzogen sind.

2 Dann Bananen schälen, längs halbieren und in feine Scheiben schneiden. Zitronen- und Agavendicksaft verrühren, die Bananen untermischen. Die Walnüsse grob hacken.

3 **Anrichten:** Die Trauben mit den Bananen auf vier Tellern anrichten. Die Walnüsse über die Bananen streuen.

TIPP

Statt der Weintrauben können Sie auch anderes Obst mit »Raureif« überziehen. Mein absoluter Favorit sind Heidelbeeren, die im Hochsommer, wenn sie vollreif sind, ein besonders feines Aroma haben. Ich friere sie dann sogar kiloweise ein und stecke sie direkt aus dem TK-Fach in dem Mund – eiskalte Bonbons zum Lutschen, gesund und quasi kalorienfrei.

DEKOTIPP

Die Weintrauben vor dem Einfrieren von den Stängeln zupfen, einige schöne Stängel für die Garnitur beiseitelegen. Beim Anrichten Bananen und Walnüsse in die Mitte einer großen Platte geben. Rundherum die Traubenstängel arrangieren und die geeisten Weintrauben dazwischenlegen.

SÜSSKIRSCHENSALAT
MIT APRIKOSEN UND SOMMERPFLAUMEN

Steinobst sieht einfach dekorativ aus, und die verschiedenen Sorten schmecken kombiniert besonders köstlich. Dazu noch ein feines Dressing – perfekt! Wer mag, verzichtet dabei auf das Kirschwasser, wenn es ohne Alkohol sein soll. Und: Die Aprikosenkerne kann man übrigens für die Marzipanherstellung verwenden (siehe unten).

200 g Süßkirschen
½ Zitrone
1 EL flüssiger Honig
1 EL Kirschwasser (nach Belieben)
5 Aprikosen
5 Sommerpflaumen
8 essbare Blüten (nach Belieben)

Für 4 Personen
Zubereitung: 15 Min.
Pro Portion: 95 kcal,
1 g EW, 0 g F, 19 g KH

1 Die Kirschen waschen, entstielen und mit einem Kirschkernentsteiner von den Steinen befreien. Den Saft der Zitrone auspressen und mit dem Honig und eventuell dem Kirschwasser in einer Schüssel verrühren. Kirschen dazugeben und untermischen.

2 Die Aprikosen waschen, halbieren und von den Steinen befreien. Das Fruchtfleisch in kleine Würfel oder dünne Spalten schneiden.

3 Die Pflaumen waschen, halbieren und ebenfalls entsteinen. Das Fruchtfleisch in feine Streifen schneiden.

4 **Anrichten:** Die Sommerpflaumen auf vier Schalen verteilen, darauf die Aprikosen anrichten. Die Süßkirschen mit dem Sud darübergeben. Zum Schluss nach Belieben noch mit den Blüten dekorieren.

TIPP: MARZIPANPRALINEN HERSTELLEN

5 Aprikosensteine »knacken«, dazu am besten in ein Küchentuch wickeln und mit einem Fleischklopfer vorsichtig daraufschlagen, bis sich die Steine öffnen. Die Kerne herauslösen und mit kochend heißem Wasser überbrühen, dann die braune Haut entfernen. Aprikosenkerne hacken und mit 200 g gehäuteten Mandeln und 100 g Puderzucker in der Küchenmaschine oder in einem Standmixer zu einer formbaren Marzipanmasse verarbeiten. Nach Wunsch mit etwas hauchfein abgeriebener Bio-Zitronenschale aromatisieren. Das Marzipan zu Pralinen formen und mit Lavendelblüten oder Mandelblättchen dekorieren.

1

2

3

4

JOHANNISBEER-GEFRORENES MIT STEVIA

Das Süß- oder Honigkraut ist schon eine erstaunliche Pflanze. Aus ihren zarten Blättern wird Stevia gewonnen, ein Stoffgemisch mit unglaublicher Süßkraft – bis zu 450-fach stärker als die von Zucker. Das Kraut ist in Südamerika beheimatet, mittlerweile kann man die Stevia-Pflanze aber auch bei uns ab dem Frühsommer auf vielen Wochenmärkten kaufen. Bei diesem Rezept gibt sie den erfrischend-säuerlichen Johannisbeeren die nötige Süße.

400 g rote Johannisbeeren
6–8 Stängel Stevia
100 g schwarze Johannisbeeren (zum Garnieren)
100 g weiße oder rote Johannisbeeren (zum Garnieren)
2 EL Rosenwasser (aus der Apotheke)

Für 4 Personen
Zubereitung: 15 Min.
Tiefkühlen: 2 Std.
Pro Portion: 55 kcal, 2 g EW, 0 g F, 8 g KH

1 Die roten Johannisbeeren waschen und trocken tupfen. Die Beeren mit einer Gabel von den Stängeln streifen und in einen Standmixer oder hohen Rührbecher geben. Beeren im Mixer oder mit dem Pürierstab fein pürieren.

2 Stevia abbrausen und trocken schütteln. Die Blättchen von den Stängeln zupfen (eventuell ein paar Blättchen für die Garnitur beiseitelegen) und zum Johannisbeerpüree geben. Alles nochmals pürieren, dann durch ein feines Sieb streichen, um die Kerne zu entfernen.

3 Das Fruchtpüree in eine flache Form umfüllen und etwa 2 Std. im Tiefkühlfach gefrieren lassen. Dabei alle 30 Min. mit einer Gabel sehr gut durchrühren, damit sich die Eiskristalle lösen.

4 Die restlichen Johannisbeeren waschen und trocken tupfen. Die Beeren mit einer Gabel von den Stängeln streifen. Die schwarzen Johannisbeeren mit dem Rosenwasser verrühren. Alle Beeren kalt stellen.

5 **Anrichten:** Das Johannisbeer-Gefrorene auf vier große Teller geben. Die schwarzen und weißen oder roten Johannisbeeren darauf verteilen. Eventuell die beiseitegelegten Stevia-Blättchen darüberstreuen.

ZUCKERMELONE MIT MELONENSORBET

Sich im Alltag eine kleine Pause gönnen, das können Südländer einfach wunderbar. Mit von der Partie ist dabei oft Obst, das herrlich erfrischt und zugleich Vitamine liefert. Wir nehmen das als Vorbild und greifen zu saftigen Melonen, die im Sommer Saison haben. Werden sie dann noch dekorativ aufgeschnitten, isst auch das Auge mit. Dazu passt perfekt: Wassermelonensorbet.

2 kleine Zuckermelonen (z. B. Charentais oder Galia)
200 g Erdbeeren
2 Birnen
8 Minzeblättchen
200 g Wassermelonensorbet (Seite 169)

Für 4 Personen
Zubereitung: 20 Min.
Pro Portion: 195 kcal, 3 g EW, 1 g F, 43 g KH

1 Mit einem langen scharfen Messer die Melonen quer halbieren. Die Kerne mit einem Löffel aus den Hälften schaben.

2 Die Erdbeeren waschen, putzen und vierteln. Die Birnen waschen oder schälen, vierteln, entkernen und fein schneiden. Die Minze abbrausen und trocken tupfen, die Blättchen ganz lassen oder in feine Streifen schneiden.

3 **Anrichten:** Die Zuckermelonenhälften auf vier große Teller legen und mit den Erdbeeren und Birnen füllen, die Minze darüberstreuen. Das Melonensorbet zu Kugeln formen und in Gläser füllen, mit auf die Teller stellen.

TIPP

Den richtigen Reifegrad von Melonen zu bestimmen, ist gar nicht so einfach. Sind sie zu jung, schmecken sie eher nach Gemüse. Und sind sie zu reif, kann das Fleisch schon fast gären. Am besten am Stielansatz schnuppern, er sollte fruchtig-aromatisch duften. Drücken Sie die Melone vorsichtig, sie sollte sich ähnlich anfühlen wie eine verzehrreife Avocado. Besser noch: Sie vertrauen Ihrem Obst- und Gemüsehändler, dass er für Sie die perfekte Melone auswählt.

WEISSES PFIRSICH MELBA
MIT HIMBEEREN UND ORANGEN-EISPOP

Saftig-reife weiße Pfirsiche mit ihrem feinen, zarten Duft sind für mich einfach das Leckerste am Sommer – und darum hier auch Basis dieses Desserts. Das Vanilleeis, das man klassisch zu »Pfirsich Melba« serviert, wurde durch Orangen-Eispops ersetzt. Die Himbeeren sind mit Süßwein aromatisiert. Wer den nicht mag oder wenn Kinder mit am Tisch sitzen, nimmt stattdessen einige Tropfen fertigen Sirup, zum Beispiel Schokoladen- oder Vanillesirup.

2 Saftorangen
2 EL Agavendicksaft
4 weiße Pfirsiche
100 g weiße oder rote Himbeeren
4 EL Süßwein (z. B. Muscat-de-Beaumes) oder 1–2 TL Sirup (z. B. Schokolade oder Vanille)
8 Minzeblättchen

Für 4 Personen
Zubereitung: 10 Min.
Tiefkühlen: 4 Std.
Pro Portion: 110 kcal, 2 g EW, 0 g F, 21 g KH

1 Den Saft der Orangen auspressen und mit dem Agavendicksaft verrühren. Orangensaft in Eispop-Formen (siehe Tipp), Schnapsgläser mit geradem Rand oder kleine Tassen gießen und in etwa 4 Std. im Tiefkühlfach gefrieren lassen.

2 Dann die Pfirsiche waschen, halbieren, entsteinen und in dünne Spalten schneiden. Die Himbeeren verlesen, nur falls nötig abbrausen und trocken tupfen. Die Beeren mit Süßwein oder Sirup verrühren. Die Minze abbrausen und trocken tupfen, die Blättchen in feine Streifen schneiden.

3 **Anrichten:** Die Pfirsichspalten auf vier Teller verteilen, die Himbeeren mit dem Süßwein darübergeben. Die Orangen-Eispops aus Form, Glas oder Tasse (kurz in heißes Wasser tauchen) lösen und daneben anrichten. Mit der Minze garnieren.

TIPP

Eispops sind gerade voll im Trend. Das Erfolgsgeheimnis? Ob püriertes Obst, Fruchtsaft oder sahnige Eismasse – einfach in Mini-Formen füllen, tiefkühlen und fertig ist das Eis am Stiel, gleich in passender Portionsgröße. Die Eispops-Formen bekommen Sie in den verschiedensten Ausführungen im Internet – vom ganz schlichten Stieleis über Segelboote- bis Monstermotive. Alternativ können Sie die Eismasse auch in kleine Muffinformen aus Silikon füllen.

WISSENSWERTES ÜBER DIE ROH-ZUTATEN
KÜCHENGLOSSAR

Hier erfahren Sie, was in all den Aromabringern steckt, die Salaten, kalten Suppen, Carpaccio, Fingerfood & Co. zu ihrem kulinarischen Erfolg verhelfen. Was macht sie wertvoll für den rohen Genuss, worauf sollte man bei der Verwendung achten, was besser vermeiden – einfach nachlesen.

Agavendicksaft (auch Agavensirup)
Der Dicksaft wird bei niedrigen Temperaturen aus dem Saft der Agaven hergestellt und ist deshalb in der rohen Küche ein beliebtes Süßungsmittel. Süßt ähnlich wie Honig.

Apfelessig
Roher Apfelessig ist ein gesundes Naturprodukt, unfiltriert und nicht pasteurisiert, weshalb man ihn im Kühlschrank aufbewahren muss. Empfehlenswert sind Essige, die aus Bioäpfeln kalt gepresst wurden. Apfelessig ist bekömmlich und gibt eine feine Säure.

Avocados
Avocados gehören zu den Früchten, die nur roh schmecken; erhitzt können sie je nach Empfindlichkeit des Magens sogar schlecht verdaulich sein. Die Sorte »Hass« mit ihrer schwarzgenoppten Schale ist besonders fein-cremig.

Blüten (essbare Sorten)
Zaubern Farbe und Aroma auf den Teller. Es gibt übers ganze Jahr eine reiche Auswahl – von Gänseblümchen über Zucchini- bis Kräuterblüten von Kresse, Schnittlauch, Borretsch, Thymian, Rosmarin, Dill, ... Wichtige Voraussetzung für den Genuss: Die Blüten müssen ungespritzt und unbehandelt sein! Beim Kauf (nicht im Blumen-, sondern im Lebensmittelladen) oder auch beim Sammeln auf Wiesen und an Waldrändern darauf achten.

Chilischoten
Gibt es von sehr klein bis zu etwa 25 cm lang, von feuriger bis milder Schärfe. Diese sitzt vor allem in den Samen und den Trennwänden. Werden diese entfernt, lässt sich der Schärfegrad »regulieren«.

Datteln
Zu kaufen gibt es viele unterschiedliche Sorten. Besonders aromatisch (und auch am teuersten) sind Medjool-Datteln. Sie eignen sich zum Süßen, passen zu Salzigem, lassen sich füllen, aber auch fein hacken und unter ein Gericht rühren. Frische Datteln (sind viel heller als getrocknete) gibt es an gut sortierten Wochenmarktständen. Oft hängen sie dann noch am Stängel, an dem sie nachreifen können.

Fische
Perfekt für den Roh-Genuss sind Salzwasserfische wie vor allem Thunfisch, Lachs, Sardellen, Doraden, Seelachs, Steinköhler, Seezunge. Dagegen muss man bei Süßwasserfischen ein wenig aufpassen. Denn: In stehenden Zuchtgewässern können die Tiere mit Parasiten befallen werden. Deshalb anstelle von Forelle aus der Zucht eher zum Wildfang, zum Bachsaibling oder zur Renke greifen. Allerdings gibt es auch viele Profiköche und Angler, die nicht glauben, dass von Zuchtforellen irgendeine Gefahr ausgeht.
Immer wichtig: absolute Frische! Wenn ein Fisch nicht nach Fisch riecht, dann ist er frisch und sieht so appetitlich aus, dass man ihn gerne roh essen möchte. Um sicher zu sein, können Sie Ihren Fischhändler nach der sogenannten Sushi-Qualität fragen. TK-Fisch empfiehlt sich bei der rohen Küche übrigens nicht, denn wenn er aufgetaut ist, hat er oft eine recht weiche Konsistenz (weitere Infos hierzu auf Seite 95).
Ebenfalls gut zu wissen: Wenn Sie Ceviche zubereiten, spielt es auch eine Rolle, ob das Fischfilet fein gewürfelt oder gehackt, in hauchdünne Scheiben oder in schmale Streifen geschnitten wurde – bei jeder Schnitttechnik entfalten sich die Aromen der Zutaten anders, was unsere Geschmacksnerven warnehmen.

Fischsauce
Die Lieblingswürze Südostasiens wird aus gesalzenem, fermentierten Fisch gewonnen. Die Farbe der Fischsauce liegt zwischen Bernstein und Dunkelbraun. In Thailand als »nam pla« und in Vietnam als »nuoc mam« bekannt. Am besten schmecken die Sorten, die es im Asialaden zu kaufen gibt (meine persönliche Empfehlung: Megachef). Passt in kleiner Dosierung sogar zu exotischen Obstsalaten.

Fleisch
Ob Rind, Lamm, Wild – kaufen Sie nur beim Metzger Ihres Vertrauens ein. Denn Lebensmittelsicherheit hat bei Fleisch, das roh serviert wird, neben Geschmack oberste Priorität. Abgepacktes und vakuumiertes Fleisch vom Supermarkt wird mit einer Mischung aus Sauerstoff und Kohlendioxid begast und gilt als Verbrauchertäuschung, da es Frische signalisiert, die es nach einigen Tagen in einer Verpackung nicht mehr hat.

Früchte
Alle Obstsorten haben reichlich Vitamine, Mineralstoffe und Antioxidanzien zu bieten. Sie schmecken am allerbesten frisch, Beeren lassen sich jedoch auch sehr gut einfrieren. Dazu zuerst auf einem Backblech ausbreiten und anfrieren lassen, dann in Gefrierbeutel umfüllen; auf diese Weise matschen sie nicht. Tiefgekühlte Beeren sind ideal für Smoothies.

Gewürze
Die meisten Gewürze wie Pfeffer, Kreuzkümmel oder Muskat werden in der Sonne getrocknet und sind somit bestens für den ROH-Einsatz geeignet. Adstringierende Gewürze wie Sichuanpfeffer lieber nicht nehmen, ihre Eigenschaften (z. B. ein leichtes Prickeln) kommen ohne Hitze nicht zur Geltung. Und stark aromatisierende Gewürze wie grüner Kardamom (schwarzer Kardamom ist geräuchert) nur in geringen Mengen verwenden. Immer gilt: Zurückhaltend abschmecken, nachwürzen kann man immer noch. Die Tricks, die man beim Kochen anwendet, z. B. beim Überwürzen eine Kartoffel dazugeben, funktionieren nämlich in der rohen Küche nicht.

Granatapfel(saft)
Der süß-säuerliche Geschmack des Granatapfels (die Hauptsaison ist von September bis Dezember) passt zu süßen und pikanten Gerichten – egal ob Sie die Kerne oder den Saft verwenden. Letzterer lässt sich frisch auspressen (Achtung, Spritzgefahr!) oder einfach im gut sortierten Bioladen kaufen. Und übrigens: Granatapfelsaft ist im Mittleren Osten ein effektives Hausmittel bei hohem Blutdruck.

Grünkohl
Es sind die Strünke, die beim Grünkohl eine lange Kochzeit erforderlich machen. Kleine Blättchen jedoch können auch roh zubereitet werden. Sie gelten bei Rohköstlern sogar als nährstoffreiches Superfood, und zudem haben Studien einen cholesterinsenkenden Effekt nachgewiesen.

Honig
Kalt geschleuderter Honig ist ein hochwertiges und kein kostengünstiges Vergnügen. Billigprodukte sind häufig aus Honigen aus verschiedensten Ländern (bis nach China) zusammengemischt. Am besten direkt beim Imker kaufen; mittlerweile haben sich auch in Großstädten wieder Imkergemeinschaften zusammengetan.

Kaffir-Limettenblätter
Die Blätter dieses Zitrusbaums sind in jedem guten Asialaden zu finden, oft auch als TK-Ware. Ihr blumig-zitroniges Aroma harmoniert wunderbar mit Kokosmilch und Fischgerichten. Sie können im Ganzen oder in feine Streifen geschnitten verwendet werden, sind allerdings nicht essbar.

Kapern
Die Blütenstände des Kapernstrauchs werden in der Sonne getrocknet und dann eingelegt, häufiger in Essig (kein rohes Produkt), in Italien oft auch in Salz.

Knoblauch
Das feine Aroma von frischem Knoblauch ist bei Gerichten aus der rohen Küche eher empfehlenswert als das recht intensiv vorschmeckende von den getrockneten Zehen. Die erntefrischen saftigen Zehen mit einer leicht feuchten, rosafarbenen Haut gibt es von Juni bis August zu kaufen. Tipp: Knoblauch lässt sich gut einfrieren und ist dann immer einsatzbereit.

Kohl
Blumenkohl, Rotkohl und Weißkohl schmecken gekocht und roh. Sie haben viel Vitamin C und sind deshalb auch in der Winterzeit sehr empfehlenswert. Feste geschlossene Köpfe bzw. beim Blumenkohl unbeschädigte schneeweiße Röschen und saftig-grüne Kohlblätter wählen.

Kokosnuss / Kokosmilch
Kauftipp: Nehmen Sie schön schwere Nüsse und schütteln Sie sie. Wenn Sie es »Plätschern« hören, ist die Nuss frisch. Kokosnussfleisch lässt sich einfrieren. Mit etwas Wasser versetzt kann es püriert und dann als rohe Kokosmilch verwendet werden.

Kräuter
Von Klassikern wie Petersilie oder Estragon, die eine Wiederentdeckung lohnen, über mediterrane Kräuter von Basilikum bis Oregano und Lorbeer bis hin zur Würze Asiens von Minze und Koriandergrün bis zu Shiso-Kresse sind Kräuter absolute Vitaminbomben und frischen Rohes perfekt auf, geschmacklich und optisch. Wildkräuter wie Bärlauch, Brennnessel und Brunnenkresse, Giersch, Gundermann, Löwenzahn oder Portulak haben dazu einen sehr ausgeprägten Eigengeschmack, der den Gerichten eine spezielle Note verleiht.

Maiskolben
Im Hoch- und Spätsommer gibt es nichts Leckereres als frisch gepflückte Maiskolben, deren süßes Aroma auch roh wunderbar zur Geltung kommt; die Stärke schmeckt dann nicht vor.

Miso / Genmai Miso
Fermentiertes Würzmittel aus der Japan-Küche mit einem ausgeprägten umami-Geschmack, den auch Sojasauce oder Parmesankäse besitzen. In der TK-Truhe aufbewahren; die Paste gefriert nicht und ist gleich gebrauchsfähig. Genmai Miso (Reformhaus, Makrobiotik-Versand) ist die rohe Variante.

Noriblätter
Die aus Seetang hauchdünn gepressten grünen Blätter kennen wir aus der japanischen Küche, wo man sie zum Einwickeln von Sushi verwendet. Hochwertige Noriblätter werden an der Sonne getrocknet, gelten also als roh.

Nüsse und Kerne
Mandeln, Walnüsse, Cashews, Haselnüsse, Erdnüsse, Pistazien und Pinienkerne sind aus der rohen Küche einfach nicht wegzudenken: Sie liefern nicht nur wertvolle Vitamine, Mineralstoffe und Spurenelement, hochwertiges Eiweiß und mehrfach ungesättigte Fettsäuren, sondern auch etliche Kalorien. Wer sich nämlich streng roh ernährt, sollte unbedingt auf die ausreichende Zufuhr von Kalorien achten.

Öle (kalt gepresst)
Nach Olivenöl »extra vergine« gibt es nun auch deutsche Ölklassiker wie Raps- und Sonnenblumenöl kalt gepresst zu kaufen. Je nach Hersteller haben sie ein nussiges Aroma oder schmecken eher neutral. Immer häufiger sind auch Distel- und Traubenkernöl als kalt gepresste Varianten erhältlich. Das in der asiatischen Küche als Würzmittel verwendetes Sesamöl hat ein leicht vorschmeckendes Aroma. Alle Öle müssen an einem kühlen Ort aufbewahrt werden, sonst werden sie schnell ranzig.

Pilze
Getrocknet sind Pilze verdaulich; roh sind das nur Steinpilze und Champignons. Oft wird ihr Aroma beim Trocknen auch intensiver – beispielsweise bei Shiitake-Pilzen. Deren etwas ledrige Konsistenz ist in diesem Fall von Vorteil, da sie nicht matschig werden, sobald Flüssigkeit dazukommt. Die Stiele jedoch vor dem Zubereiten entfernen, denn sie bleiben hart. Trocken-Pilze lassen sich fein geraspelt als Aromat einsetzen (zum Reiben am besten eine Mircoplane benutzen).

Reisessig
Aus Reis gewonnener, relativ milder Essig, den es als rohe Variante »Genmai Su« im Reformhaus, Bio- oder Asialaden gibt. Genmai Su wird traditionell fermentiert und hat wenig Säure. Ein solcher Reisessig passt nicht nur zu asiatischen Snacks und Gerichten. Er frischt auch klassische Salatsaucen auf, würzt Marinaden und schmeckt besonders lecker zu Gemüsepickles.

Rohmilchkäse
Zahlreiche Weichkäse wie Camembert aus der Normandie und Schweizer Schnittkäse wie der Appenzeller werden ausschließlich mit roher (unpasteurisierter) Milch hergestellt, die nicht über 40 Grad erhitzt wurde. Diese Rohmilchkäse werden Schwangeren nicht zum Verzehr empfohlen. Grund dafür sind gesundheitsgefährdende Keime wie Listerien, die besonders bei Weichkäsen, die nicht lange lagert werden, vorkommen können. In den USA sind Käse, die weniger als sechzig Tage reifen, sogar seit Jahrzehnten verboten. In Frankreich hingegen will man sich Camembert & Co. keinesfalls verbieten lassen, denn Rohmilchkäse schmeckt viel würziger und intensiver als Käse aus behandelter Milch. Was für ein Glück für die rohe Küche!

Salz
Unentbehrlich aus kulinarischer Sicht, da es den Eigengeschmack von Zutaten verstärkt, Aromen betont und beim Konservieren (Einsalzen und Pökeln) eingesetzt wird. Edle Meersalze gewinnen mehr und mehr auch in der Alltagsküche an Bedeutung. Wie alle qualitätvollen Salze kommen sie ohne Rieselhilfe aus. Ein Fleur de Sel, das als sogenannte Salzblüte mit dem Rechen von Hand geerntet wird, kann sogar zart nach Kräutern duften, je nachdem wo es geerntet wird, und schmeckt wesentlich weniger salzig als ein einfaches Haushaltssalz. Unbehandelte und von Hand verlesene Steinsalze sehen unter dem Mikroskop aus wie Kristalle, das Himalaya-Salz ist ein solch edles Steinsalz.

Sojasauce
Dieses traditionelle Würzmittel aus der Asiaküche kann vielseitig eingesetzt werden: Sushi ohne Sojasauce sind nicht vorstellbar, rohes Fleisch und Fisch, aber auch ein klassischer Sonntagsbraten werden damit pikant, aber auf ganz natürliche Weise nachgewürzt, denn Sojasauce (ein Ferment aus gekochten Sojabohnen und geröstetem Weizen oder Gerste) ist ein wunderbar abrundendes Aromat. Die rohe Variation »Nama shoyu« ist noch feinwürziger im Geschmack. Sie ist relativ dunkel und mild, sie wird ohne Lebensmittelzusätze hergestellt und reift mindestens zwei Jahre im Holzfass, was sie allerdings auch teurer macht als die Standardsauce.

Tahini
Zähflüssige Würzpaste aus gemahlener Sesamsaat, ursprünglich aus der Küche des südöstlichen Mittelmeerraums, heute auch bei uns oft im Einsatz. Lässt sich (ein Becher Sesamsaat auf zwei Becher Wasser) auch leicht selbst herstellen: Einfach Sesam und Wasser in den Mixer geben und zur gewünschten Konsistenz – von cremig bis flüssig – pürieren. Die Tahini im Kühlschrank aufbewahren und als Würzsauce oder Creme (ähnlich wie Mayonnaise) verwenden.

Thüringer Mett
Mit Majoran, fein gehackten Zwiebeln, Salz, Pfeffer und auch Gewürzen wie Macisblüte, Kümmel oder etwas Knoblauch aromatisiertes, relativ fettarmes gehacktes Schweinefleisch.

Tomaten (getrocknet)
Vollreife Flaschentomaten (meist Marzano-Tomaten) werden zum Trocknen unter der Sonne ausgebreitet und sind danach eigentlich unbegrenzt haltbar. Die getrockneten Früchte haben einen viel würzigeren Tomatengeschmack als die frischen. Entweder getrocknet und fein gehackt oder mit Wasser aufgeweicht zu Kräutern und Olivenöl verwenden.

Zitrusfrüchte
Die Schale und der Saft von Zitronen, Limetten, Orangen und Grapefruits spielen in der rohen Küche eine wichtige Rolle. Sie machen Lebensmittel wie Fisch oder Fleisch haltbar und verändern auch deren Konsistenz. Ein in etwas Zitrussaft über mehrere Stunden marinierter Fisch erinnert in der Konsistenz an einen perfekt gegarten Fisch, ist aber noch roh und hat seine erfrischende, leicht metallische Note nicht verloren. Zitrussaft lässt sich auch gut einfrieren, am besten im Eiswürfelbehälter.

FEINE EXTRAS, DIE NICHT WIRKLICH ROH SIND – ABER DIE »BEST OF« DER ROHEN KLASSIKER PERFEKT WÜRZEN:

Ahornsirup
Eingedickter Saft des Zucker-Ahorns mit wunderbarer Würzkraft. Es gibt ihn in »Light«, »Amber« und »Dark«, letzterer schmeckt besonders intensiv.

Cornichons
Die eingelegten Mini-Gurken sind die französische Variante der englisch-amerikanischen Pickles, knackig und würzig.

Glasnudeln
Werden aus Mungbohnenstärke gewonnen, können heiß oder kalt eingeweicht werden. Passen sehr gut zu rohen Aromen.

Mirin
Aus Reis gewonnener Kochessig aus der japanischen Küche. Angenehme, milde Süße.

Senf
Lässt sich aus getrockneten und in Apfelessig eingeweichten Senfsamen als rohe Variante selbst herstellen. Allerdings braucht man dafür einen sehr guten Mixer; ein Pürierstab tut es nicht. Fertig gekaufter Senf ist zur besseren Haltbarkeit hitzebehandelt.

Wasabi-Paste
Idealerweise ausschließlich aus der Wasabi-Meerrettichwurzel gewonnen, dann jedoch sehr teuer. Meistens ist die Paste aus der Tube wie auch das getrocknete Pulver zum Selbstanrühren eine Mischung aus Wasabi- und herkömmlichem Meerrettich. Vielleicht kann Ihnen ein Sushi-Geschäft die frische Wurzel besorgen. Gibt einen scharfen Frische-Kick.

Weißweinessig
Feineres Aroma als Apfelessig, aus roten oder weißen Weintrauben, häufig auch mit Kräutern gewürzt.

Worcestersauce
Eine beliebte und unverwechselbare Würzzutat, betont das Aroma von Fleischgerichten und rundet Saucen ab. Selbst gemachter Ersatz: siehe Seite 86.

REZEPTREGISTER VON A BIS Z

IMPRESSUM

1. Auflage 2014

ISBN 978-3-8338-3655-8

Projektleitung: Sabine Sälzer

Lektorat, Satz/DTP, Gestaltung: Redaktionsbüro Christina Kempe, München

Umschlag und Gestaltung: independent Medien-Design, Horst Moser, München

Illustrationen: Olaf Hajek

Foodfotografie: Maria Grossmann, Monika Schürle

Foodstyling: Susanne Walter

Reportagefotos: Uwe Tölle

Korrektorat: Petra Bachmann

Herstellung: Petra Roth

Repro: Longo AG, Bozen

Druck und Bindung: Firmengruppe APPL, aprinta druck, Wemding

www.facebook.com/gu.verlag

GRÄFE UND UNZER

Ein Unternehmen der
GANSKE VERLAGSGRUPPE

BILDNACHWEIS

Cover und alle Illustrationen: **Olaf Hajek**

Autorenfoto Seite 6 und Fotos auf den Seiten 4, 52/53, 94/95, 126/127, 146/147: **Uwe Tölle**

Alle anderen Fotos: **Maria Grossmann, Monika Schürle**

Syndication: www.jalag-syndication.de

Umwelthinweis: Dieses Buch wurde auf PEFC-zertifiziertem Papier aus nachhaltiger Waldwirtschaft gedruckt.

DIE AUTORIN

Gabriele Gugetzer ist seit vielen Jahren erfolgreiche Kochbuchautorin und -produzentin. Als reiselustige Foodjournalistin schreibt sie über Kulinarisches aus aller Welt, erkundet immer wieder neue zeitgemäße Themen, mit denen sich auch die kreativen Profiköche beschäftigen. Für dieses Buch lief in ihrer Versuchsküche der Herd niemals heiß.

DIE FOODFOTOGRAFINNEN

Monika Schürle und **Maria Grossmann** arbeiten seit langem im Team und sind erfolgreich in den Bereichen Food, Stilllife und Interior tätig. Ihre Auftraggeber sind Magazine, Verlage und Agenturen. Mit der Foodstylistin **Susanne Walter** arbeiten sie regelmäßig und besonders gerne bei ungewöhnlichen Themen.

DER ILLUSTRATOR

Olaf Hajek zählt zu den gefragtesten und erfolgreichsten Illustratoren weltweit. Sein Stil ist genauso besonders wie eigenwillig kompromisslos. Unverkennbar sind seine Illustrationen, die jedem Auge irgendwie bekannt vorkommen. Olaf Hajek lebt in Berlin, lässt sich jedoch von fernen Orten inspirieren. New York und Afrika sind seine Quellen, aus denen er neue Ideen schöpft.

DER REPORTAGEFOTOGRAF

Uwe Tölle machte seine Fotografenausbildung in Berlin. Nach Stationen in der Werbe- und Modefotografie arbeitete er zwei Jahre für eine Presseagentur, gründete eine Familie und konzentrierte sich auf Wochenzeitschriften und Monatsmagazine. Der Mauerfall brachte neue Perspektiven: People, Politik und Reportage zwischen Rügen und Zittau. Seit vier Jahren ist neben Reisefotografie die Foodfotografie als Schwerpunkt dazugekommen.

QUALITÄTS G|U GARANTIE

Liebe Leserin, lieber Leser,

haben wir Ihre Erwartungen erfüllt? Sind Sie mit diesem Buch zufrieden? Haben Sie weitere Fragen zu diesem Thema? Wir freuen uns auf Ihre Rückmeldung, auf Lob, Kritik und Anregungen, damit wir für Sie immer besser werden können.

GRÄFE UND UNZER Verlag
Leserservice
Postfach 86 03 13
81630 München
E-Mail:
leserservice@graefe-und-unzer.de

Telefon: 00800 / 72 37 33 33*
Telefax: 00800 / 50 12 05 44*
Mo–Do: 8.00–18.00 Uhr
Fr: 8.00–16.00 Uhr
(gebührenfrei in D, A, CH)*

Ihr GRÄFE UND UNZER Verlag
Der erste Ratgeberverlag – seit 1722.